未来ブックシリーズ

John Naisbitt
ジョン・ネズビッツ

Megachallenges
メガチャレンジ

21世紀へのコンパス
A Compass for the 21st Century

N

toExcel
San Jose New York Lincoln Shanghai

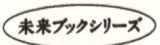

メガチャレンジ

——21世紀へのコンパス——

序

二十一世紀まであとわずかとなった今、われわれは第三のミレニアム（千年期）の幕開けという歴史的な出来事を目前にしている。この人類史上における象徴的なマイルストーン(道しるべ)は、どのように受けとめられるのだろうか。世界の終わりと見るか、黄金時代の始まりと考えるか、あるいは、ただ単に現在の延長に過ぎないと思うのか。これは、あなたの世界観によって異なってくるはずだ。つまり、われわれを待ち受けているさまざまなチャレンジ——克服すべき課題を、どのように受けとめるかによって、その意味は大きく変わってくるわけである。

世界中の新聞やテレビは、毎日のように、不幸な事件を伝え続けている。金融破綻、環境破壊、民族紛争、テロリズム、飛行機事故、政治の腐敗など、いやというほど、悲惨なニュースを流し続け、とどまるところを知らない。これでは、平穏な気持ちで未来を迎えられない人が多いのも不思議ではないし、ましてや楽観的な気分になれないとしても当然だろう。このような時代にハルマゲドン伝道者が、実に簡単に熱心な信奉者を募ることができるのは無理からぬことである。また、日本が戦後最長となった不景気から脱出できずにいるのも、驚くに値しない。否定的で暗いニュースばかりが報道される中で、人類の文明や地球上の生命の将来について、不安感が広がっている。

本書では、そのような否定的な報道とはまったく違った観点から、未来図を描くことにしたい。一九八二年に『メガトレンド』を著わして以来、私は一貫して、自分の信念を主張してきた。その信念とは、われわれは今まさに、人類とその文化の進化において、最も素晴らしくエキサイティングな時代に入りつつあるというものである。本書では、危険と苦悩に満ちた未来について述べるつもりはない。むしろ、チャンスにあふれ、新しい発展が可能な未来を追求してみたい。チャンスと発展こそ、二十一世紀の特徴となるのだ。

もちろん、われわれがいま、まったく問題のないユートピアのような世界に生きているというわけではない。グローバル(地球全体)とローカル(各地域)の両方のレベルにおいて、問題は山積している。問題というより、チャレンジと考えた方がいいかもしれないが、これに対しては、腹をすえ、よく思案して、積極的に立ち向かう他ないのである。破滅や絶望のムードが世界中を覆っていれば、このチャレンジに、力強くかつ適切な方法で対応することすらできなくなってしまう。熱意と楽観主義、言い換えれば、よりよい世界に向かって働きたいという信念と積極性があってこそ、新世紀のチャレンジに対応することができるのだ。

人類文明が直面しているさまざまなチャレンジは、単純なものではない。というのは、われわれが生きているこの二十世紀末には、判断や行動の基準となっていたさまざまな要因が、世界中で姿を消しつつあるからだ。ずっと信頼して使っていた基準が古くなり、時代に合わなくなってきたのだ。ビジネスの営み方にせよ、市民や国民の位置づけにせよ、あるいは、アイデンティティや文化の問題を考えても、明らかにいままで使われてきた概念やツールは、もはや使用に耐えなくなってしまい、消滅したり、変形したりしている。

十九世紀から二十世紀にかけて支配的であった経済理論は、もはや、グローバル化し、相互に結びついた現在の経済を理解するには、ほとんど役に立たない。コンピューター上で電子の速さで動いている経済に、これまでの経済理論は当てはまらないのだ。まず、マルクス主義や社会主義が、激しい「フューチャー・ショック」を被って、劇的に崩壊した。資本主義は、ライバルを倒し、優れたイデオロギーとして勝利したかのように見えた。

しかし、世界経済のグローバリゼーションによって、システム全体が複雑さを増し、伝統的経済理論のすべてが、有効に機能しなくなってしまった。いまや、資本主義は、一種の自己喪失に陥っている。資本主義という用語には、思想的な含みがあったため、対立相手が必要だった。対立する相手があってこそ、資本主義とは何かがはっきりと規定でき、その価値を確かなものにすることができたのだ。その相手、つまり共産主義やその経済理論がなくなった今、「勝利」も空しいものでしかない。

理論と実践の両方において、経済を定義し直し、再生させることが、本書で扱う最初の「メガチャレンジ」である。なぜ、「メガチャレンジ」と呼ぶのか。それは、ここで扱おうとしていることは、経済システムを、理論と実践ごと、根本から分解して修理するという、壮大な試みであるからだ。これは、正常に機能しているモーターを、微調整するといった程度の問題ではない。もっと、大きなチャレンジなのだ。この新しい経済システムで成功するために、企業や個人には、全く新しい能力や知識が求められている。これは、過去に必要だったものと本質的に異なっている。このような根本的な経済とビジネスの再生に向けて、きちんと自分を鍛えていく人や企業こそ、この最初のメガチャレンジにうまく対応し、成功するチャンスを増やすに違いない。

ところで、大きな変化を遂げつつあるのは、何も資本主義と経済に限ったことではない。

民主主義も、過去数世紀の間に世界の基準となってきたものの、これも、今後数十年の内に、大改革が迫られるだろう。民主政治は、統治のシステムとして、世界の隅々にまで広がった。この発展は喜ばしいことではあるが、その反面、民主主義を取り巻く状況は、パラドックス的であるように思える。民主主義が世界中で受け入れられているというものの、先進工業国の多くでは、選挙に投票しない人が増えてきているのだ。今や、真のリーダーシップを発揮しているという理由で、政治家が尊敬されたり信頼されたりするケースはまれである。政府と政治家は、多くの国で、不信と疑惑の入り交じった気持ちでみられているというのが実状である。代表民主制は、選挙民が、ある一定の年数の間、自分と自分の利益を「代表」する議員を選ぶというものであるが、これは必ずしも唯一最高の民主主義の形とはかぎらない。技術の進歩によって、別の民主主義の形態が模索できるようになってきた。そして、より優れたリーダーシップが求められ、新しいタイプの政治リーダーの出現が期待されている。本書で取り扱う、第二の「メガチャレンジ」は、このような政治と民主主義の見直しである。

コンピューター、ファックス、安売り航空券、インターネットといった種々の要因が、世界を「小さく」するのに一役買っている。われわれは、確かにメディアスペシャリストのマックルーハンが、二十年前に提案した「地球村」の方向に向かっているようだ。かつて、はっきりと引かれていた国家間、文化間、価値観の間の境界線は、だんだんぼやけてきている。そして、この傾向はこれからどんどん加速していきそうである。「日本人」とか「アメリカ人」が何を意味するか、どうやって自分のアイデンティティを確立するか、国家が果たしうる役割とは何か。こういったわれわれが直面している疑問は、どれも極めて興味深いもので、激しい論争を巻き起こすこともしばしばである。伝統が消えてしまうことや、価値観や古い文化的なものが、グローバル化の波に押しつぶされてしまうことを心配する人もいれば、いわゆる「バーチャルリアリティ(仮想現実)」のような世界になってしまうことに、恐れを抱く人もいる。「バーチャルリアリティ」の世界においては、「現実」と「仮想」の間の差がなくなり、よりどころのない不安定な状態が起こり、ひいては、社会の崩壊さえも起こりかねない、と彼らは心配しているのだ。

新しいミレニアムでわれわれが直面する第三の大きなチャレンジは、グローバルな世界における「伝統」、「価値観」、「文化」の意味を再考することである。

経済、政治、文化のいずれの領域においても、絶望する必要などまったくない。本書を通じて、私はこのメッセージを明確にお伝えできれば幸いである。人類がこれまでの長い歴史のなかで重ねてきた経験を活かして、より住みやすく、人間味あふれる、エキサイティングな世界を創る大いなるチャンスが、われわれの前には広がっている。

ビジネス、教育、政治、他のどんな職業に就いていても、楽観的で熱意にあふれた未来への強いビジョンを持っていれば、望む方向に進むことができる。そして、読者の皆様に、未知の海で上手に船を操縦する助けとなる、未来の方向性を示す〝コンパス〟を提供することが、本書の目的である。未来のことを理解していればいるほど、コンパスが指し示すものを上手に読みとることができ、個人としても、あるいは地球文明のレベルにおいても、前進し続ける可能性が増すのだ。適切な心構えや世界観を身につけていれば、新しいミレニアムの到来を恐れることなく、期待に胸をふくらませて、その新しい時代を迎えることができるのだ。

メガチャレンジ——もくじ

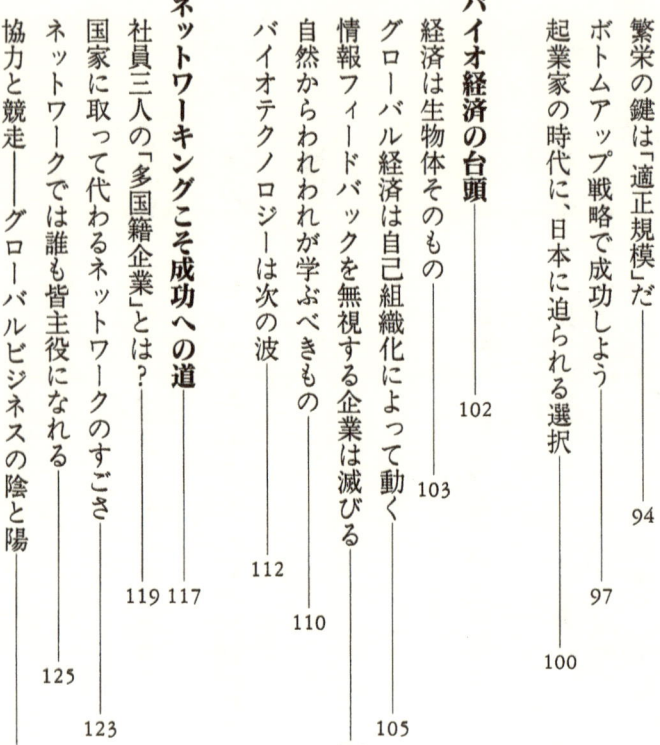

第二章　メガチャレンジ　その2／　政治と民主主義の再生

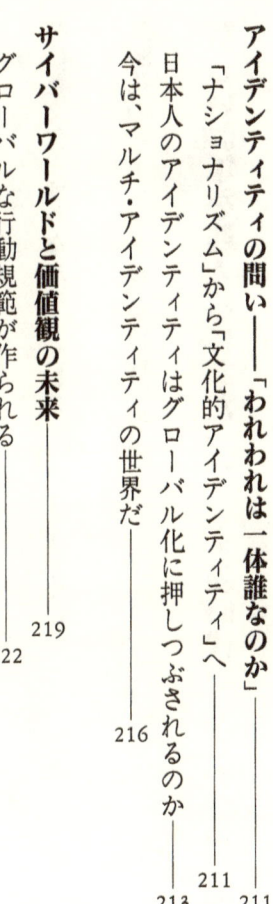

装幀――――川上成夫
編集協力――――ピーター・デイヴィッド・ピーダーセン

プレリュード

新時代への指針——1985～2000年のメガトレンド

過去二十年間というもの、私は著書の中で、経済、政治、社会を形づくる大きな原動力について記してきた。このような原動力は、一時的な流行や移り行くファッションとは本質的に異なる。このことを明確にするため、それを「メガトレンド（〝巨大潮流〟）」と名付けた。メガトレンドとは、まさに変化のエンジンとも言うべきもので、いったんその働きが始まると、十年間やそれ以上の期間にわたって、社会に大きな影響を及ぼすのである。

私の初期の本で記したメガトレンドは、たとえば工業化社会から情報化社会への移行、集権化から分権化への移行、芸術の復興、個人の勝利、生物学の時代といったことであったが、これらのメガトレンドは依然として進行しているように思う。

しかし、二十世紀末を見渡せば、全体を取りまくような、極めてインパクトの強い二つのメガトレンドが、はっきりと見えてくる。この二つのメガトレンドは、われわれの生活を大きく変え、そして二十一世紀においても影響を与え続けるに違いない。それは、なんといっても、世界経済のグローバリゼーションとアジアの近代化である。この二つの際立って重要なメガトレンドは、この十五年にわたって、世界中の人々の生活や政治・経済活動に、計り知れないほどの影響を与えてきた。そして、これらのメガトレンドは、ある意味で、新時代への指針を与えているともいえる。グローバル化とアジアの近代化を認識しなければ、今後起こりうる変化は理解できないだろう。そして、その変化を理解できなければ、直面するさまざまな未来のチャレンジに、対応できないはずである。

この二つの大きなメガトレンドは、世界を変えつつあるだけでなく、われわれの世界観をも徐々に変えてきている。国家経済の時代、あるいは市民が地理的に特定の場所に縛りつけられていた時代は、終わろうとしている。そして、西洋文化が支配的な立場にあった幾世紀もの間、他の文化や価値観は虐げられたり、無視されたりすることもあった。だが、この時代も幕を閉じようとしている。現代は、地球レベルで起こるさまざまな出来事の意味合いが、ますます重要になってきており、またアジアの発展によって、われわれの近未来が大きな影響を受けるのは間違いない。そのため、政治、経済、文化のいずれにおいても、世界の新しい見方が必要になってくる。世界のあちこちで目にする、一見、何の関係もなさそうな事柄や事件は、常に、ある関係性の中で起こっていると考えるべきである。

そして、この関係性の持つ特質を理解することができなければ、異なる出来事を把握したり、適切な行動をとったりすることは非常に難しい。

経済のグローバリゼーションとアジアの現代化という二つのメガトレンドが、現在の世界を動かしている根本的な力であることを理解すれば、次のミレニアムでナビゲートする(舵を取る)のに役立つ概念的なコンパスを、自分でつくることができるようになるだろう。

本書の究極的な目的は、世界の発展について何か解釈するとか、経済や社会の変化に関してコメントを添えるといったことではない。読者の皆様が、将来、ものごとを理解し、成功できるための道具作りのお手伝いをすることこそが、私の最大の目的なのだ。

加速する世界経済のグローバル化

個人、企業、団体、あるいは国全体としても、行動をとる場合、それは何もない中で起こるものではない。つまり、何をしようとも、先述のように、それはより大きな関係性や枠組みの中で起こるものだ。そして今日は、まさにその枠組み自体が大きく変化しようとしている。世紀が変わろうとしているいま、世界経済のグローバリゼーションは、われわれの最大の関心事のひとつである。

しかし、経済のグローバル化は極めて重要であるといいながらも、そのプロセスはほぼ理解不可能なものであり、またパラドックスに満ちている。この世界で成功するためには、われわれはよりグローバルであると同時に、より個人の特徴と個性を活かさなければならない。この一見矛盾しているようなパラドックスに当惑することもあろうが、後にも述べるように、これは新時代のもっとも大きな特徴のひとつなのである。面白いことに、経済のグローバリゼーションはますます進み、止めようにも止められないプロセスでありながらも、その新しい経済が、果たしてどのように働くかということは、誰もよく分かっていない。重要であるということは分かるが、グローバル化のメカニズム自体は、未だに解明されていない。

ノーベル賞を授与された偉大なオーストリアの経済学者、フリードリッヒ・ハイエックは、グローバル経済を、「この宇宙におけるもっとも複雑な構造物」と呼んでいた。世界経済には、何十億という変数がからんでいるので、本質的に理解不可能なものであり、どのように機能するのか、決して知ることはできないのかもしれない。とはいうものの、ある程度のことは理解できるし、グローバリゼーションがもたらしてきた結果に焦点を合わせれば、とるべき行動も浮き彫りにされるだろう。

たとえば、二つの重要な要素、あるいはサブトレンドを、経済のグローバリゼーションの中に見つけることができる。一つは、一九八〇年代にイギリスで、当時のマーガレット・サッチャー首相が積極的に進めた民営化の波である。もう一つは、世界中で起こっている市場経済への移行である。民営化と規制緩和は、多くの国々で、キーワードとなってきており、日本でさえも、大規模な民営化が成功し、NTTやJRのような会社が誕生した。

今日では、事実上、北朝鮮とキューバを除く世界中のほとんどすべての国で、民営化がさまざまな形で進められている。この民営化のトレンドは、企業や投資家に新しい機会を与え、また、経済のグローバリゼーションのスピードを、一層早める役割を果たしている。

共産主義の衰退によって、世界中で市場経済への移行が急速に進んだ。表向きには共産主義をうたっている中国のような国でさえ、経済の自由化をかなり認めるようになってきたし、今後このトレンドが続くのは間違いない。市場経済の開放は世界のいたるところでみられ、金、人、企業の国際間の移動が容易になってきた。

もう一つ、グローバリゼーションの顕著な特徴といえば、民間企業による海外投資が、世界経済の成長の強力な牽引力となったことである。民間企業による海外投資は、この十年間で三十パーセントも増えており、一九九七年には、約二千五百億ドルにまで達した。アジア経済のダイナミックな成長を支えてきたのは、民間投資だったということも確かである。このように経済のグローバリゼーションは、政府が介在して起こるものではなく、世界中の大小の企業によってもたらされたものである。グローバリゼーションは、国や政府がコントロールすることを望むべくもないプロセスだと言えよう。

この三十三年間、発展途上国の経済は、先進国に比べ、成長が速かったということも明らかだ。近年のアジアの金融危機があったにもかかわらず、発展途上国での物やサービスの生産高は、数年のうちに先進国を追い越してしまいそうだ。この地球の経済力のめざましいシフトに伴い、発展途上国は、日本、アメリカ、西ヨーロッパといった先進諸国から、年間一兆ドル以上の輸入をしている。発展途上国では、輸出よりも輸入のほうが多い。そして、日本、ヨーロッパ、アメリカといった先進国間の貿易が占める割合は、途上国との貿易が増えていくにつれ、減っていくと思われる。途上国の国内総生産が全世界で占める割合は、およそ四十五パーセントだが、その数字はもうじき五十％になりそうだ。発展途上国の国民一人当たりの所得は、劇的に増加するはずだが、特に、アジアは世界最大の中産階級層をつくり上げつつあり、数十年で、地球上で最大の購買力を持つことになろう。

こういったことを理解した上で、一連の変化の成り行きを考えてみると、二つのことが、はっきりと見えてくる。一つは、地球経済の活動の重点が変わろうとしていること、もう一つは、先見の明のある起業家にとっては、多くのチャンスが新たに開かれる世界であるということだ。

また、多国籍企業が安い労働力を求めて海外進出していた時代は、終わりを告げていることもわかる。これには、二つの理由がある。まずは、賃金の問題。発展途中の経済においては、給料が著しく上昇するため、安い労賃というメリットが少なくなる。また、何と言っても、生産性と給料は深く関連していることが明らかになったのが大きな要因。たとえば、メキシコの労働者の給料は、アメリカ人の給料の約五分の一だが、生産性も五分の一しかない。

海外の安価な労働力が、企業にとって魅力を失いつつある事情の裏には、もう一つの重要な理由がひそんでいる。製造品のコスト構成のなかで、労働力や賃金が占める割合は、だんだん小さくなってきている。一九七〇年代をみると、製造コストの約二十五パーセントが労働コストだったのに対して、今日では生産コストのたった四パーセントが労働コストに当てられているに過ぎない。もちろん、労働コストが高い製品はまだある。たとえば、日本の重要な製品の一つである自動車は、まだ労働力を大いに必要としている。日本では、車を一台作るのに十一時間から十七時間かかる。ちなみに、ロールスロイスのような高級車では、四十時間以上かかる。ＢＭＷのような会社がここ数年の間に、ベトナムで自動車の組み立てを始めたのは、ここに原因があるのだ。ドイツの状況を見ると、ＢＭＷは、一時間あたり四十ドルという世界最高水準の賃金を、労働者に払っている。そして、そのうちの五十パーセントが、税金という形で政府の社会保障プログラムのために使われている。それに比べて、ベトナムで、ＢＭＷが工員に払っているのは、一日一ドルである。それでも、この金額はベトナムの工員の生活水準を引き上げるのに役立っている。多くの企業が途上国の安い労働力を使うことで批判されてきたが、これは、労働力が生産コストの大きな部分を占めている間は、自然なプロセスだった。そして、それは経済成長と繁栄への移行を引き起こす力となったことも事実だ。こういったことは、政府開発援助（ＯＤＡ）や開発計画では、達成できなかったに違いない。しかし、今日のように、大幅に機械化が進み、総コストに占める労働力のコストの割合が、著しく減少してくると、多くの産業にとって、海外で生産するメリットが少なくなっている。

通信革命は豊かな混沌を生み出した

通信技術の劇的な発達なくしては、近年みられたようなめまぐるしいばかりのグローバリゼーションも、当然ありえなかった。この分野での発展は革命的とでもいうべきもので、経済のグローバリゼーションを支える推進力となっている。コンピューター、ファックス、後には電子メール、インターネットが現れ、また衛星を使った携帯電話が、爆発的な伸びを示している。このように、通信分野におけるドラマチックな変化により、われわれの祖先が想像だにしなかった、地球規模のコミュニケーションが可能になっている。

多くの革命のように、通信革命も混沌としたプロセスである。明らかに、中央政府のような機関が計画して、発展してきたものではない。この分野に大きな進歩をもたらしてきたのは、無数の民間企業であった。また、ゲームの基本的なルールを変えてきたのは、ほんの一握りの個人だ。よく例として引き合いに出されるのは、アップル社やその他のパソコンメーカーの創業者たちである。

しかしながら、この混沌とした状態は決して破壊的なものではなく、エネルギーに満ちた、創造的なカオスなのである。そして、われわれはいま、その真っ只中にいる。この混沌のなかからどのような社会がもたらされるかどうかは、まだ明らかではない。

通信技術の分野は、複雑に見えるが、大きく分けて、四つのカテゴリーに分類することができる。私はこれを、通信の四つの「ビッグアイデア」と呼んでいるが、それらは、進行中の通信革命を、次々と進めていくエネルギー源となっている。

第一の「ビッグアイデア」は、技術の融合である。初期には、テレビと電話といったように、別々のコミュニケーション技術が存在していたが、今では、ワープロからファックス、電子メール、時には電話としても使える小さなパソコンを目にすることがある。家電製品やエレクトロニクスの種々の技術と、この分野のアイデアやコンセプトといった無形のものを、世界中の起業家たちが、考えもつかないような奇抜な発想で組み合わせ、次々に新たな製品を創っていく。アイデアと技術の素晴らしい融合によって、この革命が現実となっていくのだ。

技術としては、コンピューター、電話、ポケットベル、テレビ、ビデオ、カメラなどがあり、アイデアやコンセプトには、インタラクティブ、デジタル、人工知能、バーチャルリアリティなどがある。これらの技術とアイデアの間には、無限といってもいいほど多彩な組み合わせが可能である。通信の潜在的な可能性を引き出すのは、創造性と人類の発明の才にかかっている。こういうわけで、通信革命が最終的に何をもたらし、どの方向に進むかは予測できそうにない。これは、まさに刺激的で魅力あふれる混沌なのだ！

ところで、組み合わせと言えば、異なる技術とアイデアの間のものだけでなく、通信分野での会社同士の組み合わせも、多くみられている。この分野で、多数の戦略的な企業提携がすでに結ばれている。これが、第二のビッグアイデアである。ブリティッシュテレコム（英国電気通信株式会社）やMCI、ワールドコムといった通信会社が、過去には考えられなかったような提携を結んでいる。これらの会社は、さまざまなパートナーシップを結ぶことによって、いつの間にかグローバルな情報インフラを作り上げているのだ。もう一度、言っておこう。こういった動きは、中央政府や国連によって計画されたものではなく、エネルギーが湧き起こり、協調あるいは競合関係にある企業のリーダーシップによって、自然に生まれてきたものである。そして、このグローバルなインフラは巨大で、世界のすみずみにまで広がっているが、同時にわれわれ一人ひとり、個人としての可能性を大いに引きのばしてくれる。

このことから、通信の第三のビッグアイデアがみえてくる。それは、「ネットワーク」である。巨大な、地球規模のローカルネットワークと呼んでもいいかもしれない。携帯電話、ファックス、インターネットといったものは、広大なネットワークを作り出し、その複雑さは描写できないほどである。この巨大なネットワークは、まったくコントロールできないようにさえみえるが、だからといって壊れてしまうことはない。逆に、ネットワークがうまく機能しているのは、中央権力の支配や監視を受けていないからだといってもいい。

その広がりからみれば、確かにグローバルなネットワークだが、一人ひとりの個人がどこにいようが、どんなにローカルなところに住もうが、中心となりうるようなものである。電話やコンピューターがあれば、自分や相手がどこにいようと、ネットワークの誰とでもコミュニケーションができてしまう。国際的なコミュニケーションは、大都市間だけで行われるのではなく、東京にいようと地方にいようと、あなたはグローバルネットワークの中心になりうるのだ。通信革命は、同時にグローバルとローカルであることを可能にしてきたのである。

最後のビッグアイデアは、一人一台の「パーソナルテレコンピューター」への動きである。技術の融合によって、個人用の小型で高性能の端末ができつつある。携帯電話を作っているフィンランドのノキア社は、すでにキーボード付きで、電子メールやファックスを送ったり、インターネットにアクセスできる携帯電話を販売している。将来的には、誰もが皆、個人用のテレコンピューターを持ち歩き、すべてのコミュニケーションが無線でできるようになり、地理的な場所はますます意味をなさなくなるのである。

無線の時代のシンボルとなっているのは、もちろん携帯電話である。一九八九年に米国のAT&Tは、携帯電話の激しい競争に気がつき、二〇〇〇年には米国で九十万台の携帯電話が使われるだろうと予測した。さて、まだ二〇〇〇年にはなっていないが、すでに四千万台の携帯電話が米国で使われている。AT&Tの予想をはるかに越えてしまい、無線経済はひとりでに拡大している。私は、一億台の携帯電話が、二〇〇〇年までに米国で使われるようになる可能性があると思う。そして、これは一国に限ったことではなく、地球規模の現象なのだ。

通信やその技術について、耳にしたり、目にしたりすることはすべて、基本的にこの四つのカテゴリーのどれかにあてはまると、私は考えている。そして、この四つのビッグアイデアは、経済と文化のグローバリゼーションを、誰もが数十年前には想像もできなかったスピードで、推し進めている。

通信技術の発達によって、一人ひとりのネットワークと力が広がってきた。その結果として、地球経済を創造しながら、個人の力も増してきている。このことによって、グローバルに活動すると同時に、個々人の可能性も広がってきた。あえていえば、地球主義と個人主義の両立の時代である。

個人企業は、いまやグローバルなプレイヤーとなることができる。インターネットを広告やコミュニケーションに使い、そして、フェデラルエクスプレスのような輸送会社を、流通システムとして活用する。たった一人の人間でも、地球上のどこでもビジネスを営むことができる。所在地に関係なく、地球上のどの国においてもビジネスができる。これはある意味で、私が先に述べたパラドックスを象徴している。地球経済が巨大化すればするほど、小さなプレイヤーが力を持ってくる。私にはこれが、素晴らしい新世界に思えるのだ。

通信の方向性はかなり明確であり、技術、アイデア、起業家、大企業の間のさまざまな結びつきが、より頻繁に見られるようになるはずだ。この変化によって、コミュニケーション手段がより効率がよく、性能が高く、使いやすいものになるのは間違いない。

今後数十年の間に、次々に通信分野の新しい製品が生み出され、応用されていくだろう。そして、この通信インフラが、世界のすみずみにまで行き渡っていくにつれ、グローバリゼーションはさらに広がり、国境を越えた経済交流がより盛んになっていくだろう。いや、むしろ国境は関係なくなってしまうと言ったほうがいいかもしれない。

世界は一つの巨大な市場と化した

われわれは、グローバルな経済相互依存の方向に向かっている。地球経済では、日に日にネットワークと提携が増えており、人類史上、かつてなかったやり方と規模で、われわれは結びつきつつある。

一九九七年後半に、アジアで起こった金融危機は、われわれが、良きにつけ悪しきにつけ、巨大な経済ネットワークにおいて、相互に関連し合っている状況を如実に示している。そして、一九九七年十月二十七日に起こった、ニューヨーク株価指数の五百五十四ポイントの下落は、アジアの金融危機、より厳密に言えば、香港のハンセン指数の急落によって引き起こされた。これは、この地球経済において、アジアの重要性が高まっていることを、明確に示している。

金融取引は、根本的にグローバル化した最初の取引分野である。今日、伝統的な輸出輸入という形を尊ぶ貿易取引よりも、金融という形をとった「売買」のほうが、ずっと多くなっている。そして、金融売買はコンピューターネットワークで行われ、コンテナ船や航空貨物にまったく依存していないため、経済的な意味では、国境の役割がほとんどなくなっている。

また、世界中で自由貿易への一貫した動きが見られる。アジア金融危機の状況がもっとも厳しかった一九九七年の頃でさえ、十一月にカナダのトロントで行われた、アジア太平洋経済協力会議（ＡＰＥＣ）で、各国首脳は、自由貿易と経済の規制撤廃へのコミットメントを再び明言した。

歴史をひもとけば、自由貿易こそが、経済成長と真の繁栄への唯一の道だということは明らかである。中国は経済特区で成功を収め、香港返還によって、自由貿易への動きはさらに増している。そして、この二十年間のアジア経済のめざましい躍進をふりかえっても、アジアにビジネスチャンスが多く、民間の会社と起業家にとって有利な投資先であったからこそ、目を見張る経済の発展が可能となったこともはっきりしている。

今日、すでに「アメリカ経済」とか、「日本経済」といったものは、ほぼ存在しなくなったといわれている。アメリカの会社が、一千億ドル相当の物やサービスを日本国内で売ったとしたら、これは日本経済とアメリカ経済のどちらに含まれるのだろうか。また、日本の株が、ロンドンでアメリカ人に買われたとしたら、これは、日本、アメリカ、英国のうち、一体どの国の経済に含まれるのだろうか。これらは、経済学者を含む多くの人々が答えに窮する問題である。政治家の多くは、相変わらず、二国間貿易協定や国家間の貿易不均衡を問題にしているが、これはほとんど意味のないことである。なぜなら、グローバル経済では、貿易や金融の取り引きが、国境をさまざまな方法で飛び越え、縦横無尽に行われるからである。

地域経済ブロックが生まれてきているのも事実である。ヨーロッパではヨーロッパ共同体（EU）が、北米では北米自由貿易協定（NAFTA）が、アジアでは東南アジア諸国連合（ASEAN）ができている。しかし、これらのブロックは、地球の単一経済への流れをとめるものではなく、むしろ、より大きな統合への段階を踏むプロセスとして、ブロックを作っているとみることができる。世界貿易機関（WTO）に登録されている地域貿易協定は、百以上あるが、この登録された地域ブロックは、互いに連帯しはじめている。EUは、NAFTAと協定を結ぶことに興味を示しており、アジアの中で、NAFTAに入りたいと言っている国もある。南米のいくつかの地域経済共同体は相互参加の方向を強め、じきにNAFTAの一員となっていくだろう。これらの動きはみな、単一市場の世界を作るという方向におけるビルディング・ブロックのようなものだ。

地球の単一経済への動きは、このようにすさまじい勢いで進行している。そして、ここからもまたさまざまなチャンスが生まれ、世界はより自由になり、ビジネスは拡大し、繁栄と民主主義がもたらされている。

グローバル経済は、究極的にはゼロサムゲームであると言う人もいる。ゼロサムゲームとは、日本が勝ったら米国は負けなければならない、といった考え方である。私は違った見方をしている。経済全体の規模は、拡大傾向にある。つまり、すべての人にとって、チャンスが増えているのだ。一国が成功したからといって、他国が敗北するということはない。グローバル経済は、あるところで利益が出たからといって、どこか他のところで損失が出るという、単純な機械的な構造ではない。われわれすべてが、二十世紀の最後の十五年間に起こった通信革命、自由貿易、経済発展から、メリットを享受することができる。

この二十世紀末のメガトレンドの重要性と意味を整理してみよう。地球上のいたるところに行き渡った経済のグローバリゼーションの発展には、終末論者がいろいろ言い立てているにも関わらず、プラスの面が圧倒的に多い。冷戦は終わり、グローバリゼーションの道は開かれてきた。超大国による政治のパワーゲームが、地球全体の人々の運命を左右するというような心配はなくなった。人々は自分の運命を自分で決めることが可能になり、そして、国境を越えてコミュニケーションをしたり、移動したりすることが可能になった。

そのうえ、経済的にわれわれは互いに依存しているという認識が芽生えたことによって、かつてないほどに、地球全体の運命についての関心が高まっている。環境問題、貧困、人口問題のどれを取っても、グローバリゼーションのおかげで、これらの問題についての関心や意識が高まり、思慮深く対応するようになってきたと言える。

グローバリゼーションのプロセスは、逆戻りできるようなものではなく、これからどんどんスピードアップしていくだろう。このトレンドの重要性を理解し、そのような世界で仕事をする能力を身につけることが、これからの世界の市民や企業にとって、必要不可決だ。そして、もし日本に住んでいるなら、いかにグローバリゼーションと取り組むかという問いは、二十一世紀初頭のもっとも重要なチャレンジの一つになるだろう。なぜなら、日本は島国のせいか、国際的な場面でいささかぎこちない国として知られているからだ。

アジアの時代到来

アジアが世界における「成人」になったのは、一九九〇年代に入ってのことである。そして、二十一世紀には、アジアが経済、政治、文化のいずれにおいても、世界の中心的な位置を占めることになると、私は思っている。グローバリゼーションは、世界で起こるさまざまな出来事の枠組みとなっているかもしれない。しかし、この枠組みの中で、今、もっとも興味深くかつ重要なのは、アジアの発展である。アジア人にとってだけでなく、この惑星全体にとって、これほど重要なことはない。確かに、一九九七年から一九九八年にかけて、アジアは多少の揺れを経験したが、地球経済の発展は、今後もアジアに引っ張られていくように思われる。そして、そのアジアの経済発展は、アジアだけではなくわれわれすべてに恩恵をもたらしてくれるのだ。

世界経済の重心はアジアへ

経済の重心も、あるいは文化の重心も、アジアに移ろうとしている。一九九〇年代までは、すべてが西洋中心でまわっていた。ルールは、西洋が決めていたのである。日本も経済発展を遂げるなかで、このルールに従って動いていた。

しかし、今のアジアは、そのルールづくりに参加できるほどの力をつけてきている。日本でさえ、経済力をめきめきとつけてきている中国や、華僑の率いるアジアの国々の後塵を拝することになるかもしれない。今日では、東洋が西洋を必要とするよりもずっと、西洋が東洋を必要としているのだ。

一九九五年から、アジア内での貿易総額が、アジア対西欧の貿易総額を超えるようになった。一九九七年の香港の中国への返還は、象徴的にも、現実問題としても、アジアにおける英国植民地政策の終焉を告げた。そして、一九九九年に予定されているマカオの中国への返還は、もっと象徴的であるといえる。マカオは五世紀前に、アジアにおけるヨーロッパの最初の植民地となり、いまでは最後のものになろうとしているからだ。マカオが、一九九九年にポルトガル統治から中国に返還されると、アジアにおける西洋支配は終止符を打つことになる。アジアの地のすべてが、アジア人によって統治されるのは、この五百年間で初めてのことである。

経済や文化の重心がアジアへ移行するその過程は、必ずしも順調なわけではない。一九九七年の後半には、後退や対立がみられ、希望に満ちていたアジア人は失望することもあった。しかし、五十年後に、一九九〇年代から次の世紀にかけて起こったグローバルな変化をふりかえって見れば、もっともインパクトがあったものは、アジアの近代化であったことが明らかになるだろう。

思い出してほしい。アジアは、かつて世界の中心であり、立派な文明を誇っていた。モンゴルのジンギスカンなどは、世界でもっとも偉大な征服者であったのだ。そして、いま中心は再びアジアに戻りつつある。アジアで起こることは、ますます世界の動きを左右するようになるだろう。それなのに、西洋は、いまだに西洋自身に焦点を当てており、経済よりも政治に重きを置いている。西洋のメディアに特にこの傾向は強い。

各国の経済の相互依存によって、政治の役割と重みは明らかに減少した。地政学的な駆け引きは、以前ほどの意味を持たなくなった。これはアジアだけでなく、世界的な現象である。

アジアの成長が加速するにつれ、アジアのなかでも、そしてアジアと他の国々との関係においても、政治家の役割は小さくなっている。一九九七年七月の時点から、台湾・中国間を結ぶ飛行機の直行便ができた。つまり、台湾から香港に飛ぶ便である。「反逆している」台湾と、中国本土となった香港の間が結ばれているのだ。このルートは、台湾の航空会社である中華航空によって運行されている。以前、中華航空の機体の尾翼には、台湾の旗のマークが描かれていたが、香港就航直前にそのマークをはずし、紫色のハスの花と取り替えられた。台湾のマークを機体の尾翼につけたまま、中国本土である香港に飛ぶのはまずかろうと考えたからである。これは、興味深いエピソードのほんの一例であるが、いかにビジネス上の決定が、政治的配慮に優先するかを物語っている。台湾と中国の直行便は、二国間に生ずる政治的な問題を重視していたら、考えられもしなかっただろう。

政治の局面では、ミサイルと軍隊を使ったパワーゲームが繰り広げられているが、ビジネスの草の根レベルで起こっていることに目を向けると、経済活動が活発に行われていることがわかる。

一九九七年三月に、私は中国を訪れたのだが、その時、台湾海峡ではミサイル危機が政治的緊張を引き起こしていた。それからほんの一週間後、上海で、十二人の中国人起業家に会う機会があったので、話を聞いた。何ということだろう。彼らは、軍事演習でミサイルが発射されていたまさにその時、台湾の台北市にいて、商談をしていたというではないか。政治的緊張をよそに、地上では、ビジネスが通常どおり行われていたのだ。

台湾と中国の政治ゲームは、このように表面的なものでしかない。実際には、すでに経済上の統合を果たしている、というのが真実だろう。公式には、台湾は三千億ドルの投資を中国にしているということだが、五千億ドルに近いという説も根強くある。中国の何万というジョイントベンチャーが、台湾人パートナーを擁しており、毎年四百万もの人々が香港経由で台湾から中国を訪れている。

私は、常に経済を何よりも肝心なものとして、真っ先に考える。そして、もし経済に目を向けるなら、アジアが今後二十年間に果たす政治的役割がどうであろうとも、経済の牽引力が欧米からアジアへとシフトしていくことが避けられないことは、明らかである。

欧米諸国は、コントロールをなくし、地球経済と文化の中心的位置を失いつつあるために、アジアに対して妬みとある種の脅威を感じているのかもしれない。欧米の政府が、アジアの人権を問題にするのは、このことを如実に表している。欧米の政治家や人権活動家は、アジア諸国が基本的人権の標準に従わないといって、批判をしている。

しかし、ここでも、政治的圧力よりも、経済統合と繁栄のほうが、アジアにおける基本的人権を向上させるのに役立つと、私は信じている。最善の策は、アジアと他国との経済関係を強化するということではなかろうか。このような考えを持っているのは、私一人ではない。定期的に中国の南京大学で教鞭をとっているが、私が教えている中国人学生は、みんな、政治の自由化と個人の自由は、市場の自由化の結果として起こると考えているようだ。この変化には、時間がかかるかもしれないが、アメリカや西洋の国々は、あまりにも性急すぎる。実際、学生たちが指摘したように、たとえば米国のトップ政治家が、人権について中国に説教をすると、皮肉なことに、中国でも少数派となったコチコチの共産党タカ派を正当化するという、逆効果を生んでしまうという。そのため、私は、人権と貿易を結び付けたり、一律に善悪を決めつけ、他の国に命令したりするのは、実に非建設的だと思う。これは、西洋が世界の権力の中心であった時代の遺物である。

将来、一つの国や地域が、世界を支配するといったことはなくなるが、経済活動の中心がアジアに移っていくのは間違いないだろう。

何がアジアの繁栄をもたらしたのか?

日本は、アジアの中で、アメリカの援助を受けながら工業化に成功した最初の国である。これは、周知の事実である。しかし、日本経済が奇跡的な成功を遂げた要因は、アジア諸国の成功の要因とは大きく異なっている。アジアの虎や竜は、まだまだ成長段階にある若き経済である。タイ以外のアジア諸国はすべて、西洋の植民地であった。彼らは、一九四〇年代から五〇年代にかけて、やっと自分達の経済を創る自由を得た。つまり、日本と違って、これらの国の経済は、生まれたばかりであり、まだ発達の途上にある。

アジア諸国の急激な成長の最大の理由は、西洋と日本からの民間投資を歓迎し、起業家的な活動を奨励してきたことにある。基本的に、アジアの国々の多くは、外国からの投資を積極的に歓迎した。マレーシアなどの国では、業種によっては、百パーセントの外国資本を許しているし、外国の投資や新ビジネスに対する税優遇措置をとっている国も多い。興味深いことに、最初にできた虎のグループ、つまりシンガポール、韓国、台湾、香港が、今では、次に現れた虎たちのために、資金を提供している。中国の成長も、アジア人の資金によって支えられている。

外国からの投資と起業精神以外に、アジアの隆盛に力を与えたのは、華僑ネットワークであった。華僑の金融力とその影響の及ぶ範囲を、専門家たちは軽くみる傾向があるようだ。その大きな理由は、国家を単位とする経済理論に、華僑経済のようなものが当てはまらなかったということがあげられる。前著『メガトレンド・アジア』で詳しく述べたように、華僑の数は世界で五千七百万人にのぼっており(香港含む)、そのうち約五千三百万人が、アジア諸国に住んでいる。そして、その経済力は甚大である。試しに、この集団の国内総生産(GDP)を計算すると、実に世界第三位の経済規模をもっていることがわかる。

日本の某研究所が行った調査によると、タイ、インドネシア、シンガポール、マレーシアといった国々の、株式市場に上場している会社の六十から八十パーセントが、華僑によって所有されている。これは注目に値する数字である。しかし、経済学者の多くは、華僑ネットワークの役割をほとんど無視している。華僑が、中国や他のアジア諸国の更なる発展に大いに寄与することは予想できる。華僑ネットワークは、探れば探るほどその偉大なパワーが明らかになる。

アジアの近代化に、あまり決定的な役割を果たしていない要因を見つけることもできる。

一つは外国からの開発援助（ＯＤＡ）であり、もう一つはアジア独特の価値観、特に、儒教である。

何十年もの間、西洋諸国からアジアへの開発援助が続いたが、ほとんど経済発展にはつながらず、むしろ官僚主義や汚職を誘発する場合さえあった。もちろん、このような長年の援助がなかったとすれば、アジアがどのように発展したかはわからない。しかし、私はかなりの確信をもって、開発援助がアジアを「離陸」させはしなかったと断言したい。

アジアが発展し、アジア人が自信をつけてくるにつれ、少なくとも一九九七年後半に、この地域が経済不安に陥るまでは、アジアの指導者や学者は、「儒教の価値観」が地域発展の共通の土台であると主張してきた。勤勉さ、忠誠心など、アジア固有と考えられる共通の価値観が、その経済発展の基礎を作ってきたというのだ。アジア文化には多くのすぐれた特徴があると思うが、儒教が突然、資本主義や経済発展を引き起こす力になったという理屈は解せない。その理屈は、こう言っているようなものだ。「三千年の間、経済ブームは起こらなかったが、今、突然、うまくいくようになった。これはすべて、儒教のおかげだ」と。

これらの主張は、経済や社会の現実を映し出しているというよりは、アジア人が再発見した自負心と文化の復興を反映しているといえる。西洋には、このアジア人の自負心が、他国に対する傲慢な態度や、敵意や攻撃的な態度になるのではないかと、懸念している人もいる。しかし、一九九七年から九八年にかけてのアジア市場に目を向ければわかるように、完全無欠な経済や地域というものはないし、今後はかつての超大国のように世界を支配できるような地域もない。

西洋や外国の投資家を歓迎したからこそ、アジアが発展したのであり、これは近代化の大きな原動力となった。そのため、私は、アジアの過信が、世界のほかの地域との深刻な摩擦を引き起こすことはなかろうと見ている。むしろ、後に取り上げるように、ルネッサンスと言ってもいいような、アジアで見られる文化の再興は、グローバリゼーションのごく自然な結果なのである。

アジアの成功の推進力となったものは、アジアに大いなるビジネスチャンスが潜んでいるとみた世界中の企業の、儲けたいという気持ちと、リスクを取るのを厭わないという姿勢であった。また、政府が自由化したり、規制撤廃したり、ビジネスインセンティブ(ビジネスへの動機づけ)を与えたりすることによって、基本的に起業家やビジネスにあまり干渉せずに、自由な環境を与えたことも一因であろう。

もちろん、政府の産業への規制は、国によっては大きな役割を果たしていた。日本や韓国がその好例である。しかし、数十年前に、これらの国でうまく機能していたことが、いまでは大きな足かせになっている。そして、他のアジア諸国にとって同じようなやり方が、決して有利であるとは思えない。日本政府や韓国政府は、大きな役割を果たしてきたが、今となっては、どうやってビジネスの世界から手を引けばいいのか、戸惑っているようだ。省庁再編や改革について論議したところで、何の役に立とう。政府は、市場をビジネスにまかせなければならない。さもなければ、日本のような国はいまの困難な状況から脱出できるはずもない。

アイデンティティの危機にさらされる日本

アジアのここ十年間のめざましい発展は、日本の立場を複雑なものにしてしまった。日本は、遅れたアジア大陸の一員というより、先進国、つまり西洋諸国の仲間であると考えてきた傾向がある。

しかし、今、他のアジア諸国が日本に追いつこうと必死に成長し、日本企業に対する競争力もつけてきた。より強力な政治的発言力を発揮するようにもなった。日本は、自分が果たしてどこに属しているかわからないような状態に陥り、その指導者たる人たちは、日本がアジアでどのような役割を担うべきかという、ビジョンを描けずに苦労している。ましてや、世界という舞台における役割はまったくあいまいである。

日本人にとって、アジアの近代化は、深刻なアイデンティティの危機を生み出したと言っても過言ではない。数年前、私は日本で、木村尚三郎氏とともに『日本という存在』（日本経済新聞社刊）と題する本を著わし、そのなかで、まさにこの問題に触れた。当時、私はかなり日本に対して手厳しい主張をしたつもりだったが、いまの状況をみると、それでも物足りない厳しさだったように思わざるを得ない。

特に、政治のリーダーシップという話になると、日本はいま宙に浮いている。アジア諸国では、誰も日本に政治のリーダーシップを取ってほしいなどと思っていない。日本のビジネスがいままでアジアで成功していたのは、これらの国々に金と経済発展をもたらしてくれたからだ。日本は、政治的にも歴史的にも批判されながら、経済面においてのみ歓迎されていたのだ。

しかし、今日では、アジアが徐々に成長し、日本の金はだんだん必要とされなくなっている。そう変わろうとしているなか、日本の指導者たちは、二十一世紀を迎えるにあたって、国として、どんなリーダーシップをとるべきなのかといった難問を解けずにいる。以前の本でも述べたように、日本人は、アジアで尊敬される存在になろうと思えば、リーダーシップの観念を考え直さなければならない。日本は先進七カ国（G7）の会合への参加がたいへんな名誉だと思っているようだし、国連の安全保障理事会の常任理事国入りするために、ロビー活動を続けている。日本の政治家は、こういった活動がリーダーの役割だと考えているかもしれないが、G7は、政府のトップの写真撮影会と社交の場以外の何ものでもない。

そして、経済の役割が大きくなるにつれ、世界のトップ政治家でさえ、その影響力は年々小さくなっている。しかも、安全保障理事会と言えば、過去の遺物のようなものである。軍事力による安全保障が、今日よりもはるかに大きな意味を占めていた冷戦時代の残物であるに過ぎない。

現在の日本にとって、もっとも重要なのは、今の経済環境であり、経済の安全保障である。それゆえ、アジアの中での協力にもっと重きを置くべきなのだ。もし、日本が、「G7は、西洋の金持ちな国のクラブだった。日本はもっとグローバルな見地から、また、もっとアジア的な見地からものごとを考えていきたい」などと主張し、G7から脱退するならば、それは日本にとって、世界をあっと驚かせるほどの真のリーダーシップといえるだろう。これは、まさしく「地震」を起こすようなもので、アジア同胞国の尊敬を勝ちとり、ある程度、日本のアイデンティティの危機を克服することができるだろう。

しかし、日本の指導者たちが国際的なステータスであり、やっと達成したと思っているものを手放すことはまずないだろう。政府や役所の人々は、賢い人たちなのかもしれないが、変化を起こす十分なインセンティブを感じていない。それに、他のアジアの国々に対して、いまだに偏見を持っている人が多いようだ。過去に例をみないほど大きな経済危機でも日本を襲わない限り、日本が世界とアジアにおける役割を根本的に見直すことはなさそうだと、私はみている。

アジアはチャンスあふれる、もってこいのマーケット

アジアの成功は続くはずがない、などと悲観的にみる人がいる。経済成長や新しく手にいれた繁栄を持続することはできないというのだ。一九九七年に始まったアジアの株価急

落と通貨危機を見れば一目瞭然、アジアのブームは明らかにはじけるべきバブルだったのだ、と彼らは言う。

私からみると、このような主張は、妬みに根ざしたものであり、現実的な見方ではないと思う。そして、経済学者は相変わらず、草の根レベルの起業家やその経済活動を無視しているため、必然的に彼らの描く経済の絵柄はゆがんでいることが多い。

株式市場を実質経済と勘違いする人は多い。株式市場はあくまでもカジノであり、一社、あるいは数社の企業のパフォーマンスに金を賭ける場所である。このカジノは、国の経済の本当の強さや、将来の成長見込みと直接関連するとは限らない。特に、活気に満ちた、新しいアジアの株式市場を見渡すと、カジノが経済の実態を反映していないことがわかる。

株式市場で、突然の乱高下があったり、暴落さえも起こったりするが、これは無数にいる起業家精神に満ちたビジネスを繰り広げている、勤労意欲の高い国々を完全につぶしてしまえるほどのものではない。公式の数字では、マレーシアのような国の予想成長率は、九パーセントから六、七パーセントに落ち込んでいるが、このような数字ですら、西洋の国々が、のどから手がでるほどほしくてたまらない成長率なのだ。

そして、先述のとおり、アジアの国同士の貿易と交流は、増加の一途をたどっている。

二年前には、アジア内の貿易額がアジア以外の国との貿易額を超えた。これは、アジアの近代化と経済成長がアジア以外の国に依存せず、アジア内で互いに助け合いながら持続できることを裏付けている。アジアは、自己充足の時代に入ってきたことを意味している。

有能な日本のビジネスマンにとって、アジアの発展は、願ってもないチャンスだ。アジアの経済成長が続くことは、ビジネスチャンスが多く生まれることを意味する。自由化が進み、通信インフラが整備され、経済統合が進むことによって、アジアは世界最大の市場となる。その旨みのある市場が、日本の目の前に「さあ、どうぞ」と出されているようなものだ。

これまでは、混沌としたアジア市場に参入するのは大企業に限られていたが、今では、中小企業も参入のチャンスがある。ニッチを見つけ、ジョイントベンチャーや業務提携にふさわしい相手をさがすことができれば、アジアでのビジネスで成功することができるのだ。

アジア以外の世界にとって、その近代化は単にビジネスチャンスを拡大するだけでなく、文化や芸術の交流を深めるきっかけにもなる。アジアのルネッサンスは、芸術の面でも確実に影響を及ぼし、西洋が独占してきた文化の世界をより豊かなものにするだろう。

西洋の人々にとって、何世紀にもわたって続いてきた世界支配を失うのは、苦い薬を飲み込むようなものかもしれない。しかし、二十一世紀に予想される、アジアの発展に伴うダイナミックな文化の往来は、刺激に満ちており、災いと思うよりは、祝福すべきものであろう。

いままでの常識が滅び行く時代

過去二十年ほどのトレンド、そのなかでも特にこれまでみてきた二つのメガトレンドは、われわれを新奇で、また不可思議ともいうべき新しい世界へと導いてきた。一見したところ、世界はまったく様変わりしたように見え、またこれからさらに変容しそうなのである。この新世界には、いくつかの特徴がある。それについて、簡単に説明したうえで、今後直面すると思われる三つのメガチャレンジに移りたいと思う。

グローバル・パラドックスは転換期に訪れる

現代はパラドックスに満ちている。一見矛盾しているようにみえるが、突き詰めて考えると、実は当たり前の現象が数多く起きている。ある社会システムが姿を変え、大きく変貌しようとする転換期には、必ずやこのようなパラドックスが現れる。今の時代も例外ではない。

九〇年代に現れ、来世紀にさらに発展する著しく複雑な世界には、理解しがたい逆説的な出来事が多い。私が、まず一番初めにアドバイスしたいのは、「パラドックスを友とせよ」ということだ。矛盾しているようにみえるコンセプトや状況を目にして、「前は、こうではなかったのに」と言って、おびえたり逃げたりする必要はない。

大きなグローバル・パラドックスについては、前著の中で既に記してはいるが、ここでもう一回繰り返しておきたい。われわれは、日増しに広がり、ますますその傾向が強まるグローバルな経済に生きているが、その中で個人は、かつてないほど大きな力を持つようになってきた。グローバル経済が大きくなればなるほど、個々人の小さなプレイヤーが力をもってくる。ビジネスを営む人なら、数十年前にはほんの少数の多国籍企業が握っていたチャンスを、自由にものにできる。いまやたった一人で、「多国籍」になりうるのだ。なんという進歩だろう。結果として、この新しい世界で成功するためには、グローバルな発想をもち、地球レベルで物事を考えると同時に、ローカルなものや個性を発揮しなければならないのである。個性や独自性があってこそ、ビジネスにおいて、製品のユニークさ、創造性、特殊な技能を発揮することができ、自分だけがもっている経験や経歴によって、ジョイントベンチャーに新風を吹き込むことができるのだ。

この種の個人主義をもっていなければ、世界中で結ばれるビジネスパートナーシップに自分から提供できるものもない。同時に、世界の動きについて、何も知らずに関心すらもたない日々を送ったり、あるいは外国語をまったく話さなかったりすると、チャンスが限られてしまうことは言うまでもない。世界各地のできごとに関心をもったり、重要課題に対するグローバルな見方に興味を示すことは、成功への重要な要素になってきている。

前にも触れたが、もう一つ大きなパラドックスがある。それは、「グローバル経済」だの「グローバリゼーション」などと盛んに言われながらも、誰もそれを本質的に理解していないことである。また、世界の中心がアジアに移行しようとしていることはわかるが、誰もそのシフトが、実際に何をもたらすのかを知るすべがない。

そこで、もうひとつ、アドバイスをさしあげるとすれば、「不確実性や変化さえも友とせよ」ということになろう。変化を積極的に求め楽しみ、複雑な世界で起こるであろうチャンスとピンチの両方に、できるだけ心の準備をしておくことだ。

世界地図には千の国？

グローバル・パラドックスは、このほかにもある。世界が経済的に統合されている一方で、国や地域は分離独立の方向に動いている現象がその一つだ。

一九九一年のソビエト連邦の崩壊をきっかけに、毎年、新しい国が世界地図に書き加えられており、この傾向は当分続きそうだ。拙著『グローバル・パラドックス』（邦訳、三笠書房刊）で、私は、「千の国からなる世界」への移行について述べた。この千という数字は象徴的なものだが、国家が分離独立する傾向を示している。旧ソビエト連邦、バルカン半島、東欧において多くの国が分離独立してきた。近年では、スコットランド人が独立議会と自治権の拡大を求めて投票を行ったのが、記憶に新しい。

グローバリゼーションによって、個人主義を貫くことが可能になってきた。そして、これは、国の文化や民族文化においても同様である。さまざまな民族集団や個人がより広い範囲のコミュニケーション力を得るにつれ、中央集権的な超大国は支配力を失っている。

世界各地で、人々は、グローバル化していく状況に反して、ローカルな文化を見直したり、再発見したりしている。われわれは、経済的に依存しあうようになるにつれ、アイデンティティを失うとまではいかなくても、若干自分のアイデンティティを、コントロールしにくくなっている。そのため、民族性や、自分が誰なのかを知るよすがとなるものに、関心が向けられている。私は、人々が自分の文化的アイデンティティに関心を持ち、芸術家、作家、哲学者などによって、あるいは宗教を通じてその関心を表現したいというのは、とてもいいことだと思う。これは、今日、世界中でみられる傾向である。

このパラドックスと関連する動きがある。経済単位としての国家の重要性が薄まるにもかかわらず、世界にはより多くの国が誕生している。先述のとおり、グローバル経済において、国家経済は徐々に意味がなくなってきているが、それにもかかわらず千の国からなる世界へと向かっているのだ。国家の役割は、将来、消えてしまうわけではないが、政治や経済における役割より、もっと象徴的かつ精神的なものになるだろう。

このグローバルで多面的な世界において、文化、伝統、価値観がどのように変わるかは、第三章に譲ることにするが、日本のような均質性の強い国家にとっての、もっとも基本的メッセージとして、将来のキーワードは、「多様性」であるということがあげられる。日本社会のなかで多様性を認め、活かすと同時に、外国のさまざまな違った環境で、気持ちよく活動できる技術と心構えを身につけることも、極めて重要なことになるに違いない。

世界は、自己組織化によって発展する

中央集権の時代は終わり、分権化と地方の選択の時代、究極的には個人の選択の時代になろうとしている。今日の経済は複雑で、経済学者でさえきちんと説明できる者はおろか、理解している者もいない。これは、よいニュースと考えるべきだ。なぜなら、わからないものは直せないからだ。グローバル経済において、経済状況を中央から修正し、制御しようとすることは、不可能であると同時に、不必要である。

「自己組織化」という考え方は、生物学から生まれた。近年の生物学の調査によれば、自己組織化は生命の特質であることが、明らかになっている。そして、グローバル経済もその例外ではない。それは、巨大な生物体のようなシステムであり、単純な法則に従って動く機械的な仕組みではない。生物体として、経済は自己組織化している。

そのため、地球政府のようなものは必要もなければ、決して出現することもないだろう、と私は考えている。そのような地球中央政府は、今日の世界が向かおうとしている方向と

完全に逆行している。人は、上から管理されたくないものであるし、地球中央政府があったとしても、多様でローカルな課題が増えていく中で、効率的にものごとを処理することができないのは、火を見るより明らかだろう。

これはまた、欧州の通貨統合への動きがうまくいかないだろうと考える理由の一つでもある。EUは、多くの点で官僚的であり、中央集権的である。バナナの長さやきゅうりの形までトップダウンで規制を与えたがる。そのようなシステムでは、自己組織化が起こることはまずありえないため、柔軟性に欠けてしまう。

経済の自己組織化については、次の章で詳しく述べる。

隠し事のできない透明な世界の誕生

通信技術の発達がもたらした情報への簡単なアクセスと、個人がインターネットを利用して、世界中に情報発信ができるようになったことによって、情報コントロールの時代は終わろうとしている。独裁的な大国にせよ、国際的な大企業にせよ、もはや一般の人々の目から、知られたくない情報や行為を隠せなくなってきている。専制主義と独裁支配は、まぎれもなく消えつつある。

われわれは、透明度の高い世界に生きている。つまり、産業汚染であれ、政治的抑圧であれ、公共の利益に反する行為をとったら、数日間、いや時には数時間のうちに、インターネットで世界中に知られてしまう。

この透明な世界は、一部の人しかアクセスできない、金持ちのみが恩恵を受ける世界だととる人がいる。貧乏人は、アクセスもできなければ、透明性のメリットも享受しないという説であるが、実際は違う。数年前、メキシコのもっとも貧しいチアパス州で、熱帯雨林の辺鄙な村に住んでいる百姓とインディアンが、小さな反乱を起こした。数時間のうちに、これがインターネットに載り、その情報が全世界に流れたのである。そして、これがインターネットに載ったために、新聞記者が記事を書き、CNNが放映し、次の瞬間には、メキシコ政府は責任ある態度で声明を出さなければならなくなった。ほんの十年か二十年前だったら、この反乱を世界の人々は知ることすらなかっただろうし、メキシコ政府は武力を用いて百姓を鎮圧したか、海外のメディアに本当の情報がもれないように、操作したのではなかろうか。

また、ロシア人がチェチェンに侵攻したとき、何が起こったかを思い出してほしい。アッと言う間に、インターネットで情報が流れ、この小さく、あまり知られていない地域のできごとに、グローバルコミュニティ全体の大衆の目が向けられたのである。この事件の前に、チェチェンという名を耳にしたことがある人は、ほんのわずかだったに違いない。

一九九七年の十一月に起きた、日本の山一証券の経営破綻は、この新しい透明な世界の現われであったともいえる。ペーパーカンパニーを使った、不明瞭で違法なやり方は、もはや一般の人々の目から隠しおおせなくなった。そして、いったん醜聞が世間に漏れ始めると、会社は選択の余地もなく、「自主廃業」に追いつめられた。

会社であれ、国家であれ、透明度の高い世界では、高い倫理的基準が求められる。いい情報も悪い情報も、ほとんどリアルタイムで世界中に行き渡る可能性があるため、できるだけ恥ずかしい行為を避けようとする強いインセンティブが自然に生まれてくる。公の目にさらされる可能性が高いことが分かっているのだ。

われわれ市民にとっては、透明度が高いことは喜ばしいことである。これは、小さなプレイヤーの手に、大きな力を与える、もう一つの要因となっている。

多種選択時代の到来

経済のグローバリゼーションにより、かつてないほどの選択肢と選択の自由が生まれてきた。次のミレニアムの幕開けを前にして、もはや、二者択一を迫る「二元論」の世界ではなくなっている。多くのものに手が届くようになり、多くのオプションの中から選択できる多種選択の世界になってきているのだ。クレジットカードを使えば、インターネットで世界各地のショッピングが楽しめるし、ほんの少しの能力さえあれば、働く場所も住む場所も自由自在。航空券は安くなり、飛行機の国際便は増え、私の若いころに比べると、海外旅行もずっと簡単にできるようになってきた。

もはや、一つの国や、一つの会社、職業、アイデンティティに、一生しばられることはないのだ。その時々で、好みによって決めることができる。そして、これは別に金持ちに限ったことではない。もちろん、極貧の状態にある人は、ある程度裕福な人よりも選択の範囲は狭いだろうが、ここ二十年は、世界中の市民の大多数にとって、選択肢の数が、爆発的といってもいいほどに増えてきたのは事実である。

新しい世界をチャンスとみるか、脅威とみるか

日本語で「危機」という言葉は、漢字二字で表される。「危険」の「危」と「機会」の「機」である。今日の状況が危機的だとは言わないにせよ、伝統的な理論やテクニック、従来の価値ややり方が、現実に合わなくなってきていることは確かだ。世界を正確に理解し、行動のガイドラインとなっていたパラメーター、つまり、全ての枠組みや規範そのものが変わりつつある。これは、何よりもまず、認識の面においての「危機」を、われわれにもたらしているのかもしれない。世界でおこっている様々な出来事が、本当のところ、一体どういう意味をもつのか、多少なりとも正確にわからなければ、身動きがとれなくなってしまう。今日の世界では、非常に速いペースで変化が起こり、グローバル化が進み、このような理解の基準となっていたものが変貌している。この変化のスピードと基準の変貌にくじけてしまう人にとって、新しく出現する世界は危険と罠に満ち満ちているようにみえるだろう。しかし、私の見方は正反対である。一九八五年から二〇〇〇年にかけてのメガト

レンドと、それに伴って起こる多くの変化が示しているのは、終末と破局の時代ではなく、むしろ多くの新たな機会が目の前に広がる、チャンスの時代なのだ。

しかし、この新世界で、一人ひとりに求められるものが、より高次元になったことも確かである。矛盾しているような事柄——パラドックス——にあふれ、自己組織化が進み、選択の幅が広い世界は、多様性に富んでいる。この世界で成功したいならば、そこで通用するだけの能力を持つ必要がある。そして、その透明度が高いゆえに、ビジネスや政治の世界での行動が世界中に公開され、以前よりも高潔さが要求されるようになってきている。

現在の状況を、脅威ではなく、チャンスに変えるためには、冒険精神と新しいスキルを学び続けようとする意志が欠かせない。全く新しい世界観を身につけるには、古いスキルや仕事のやり方を、積極的に捨てていく必要さえあるかもしれない。

起業家精神——自分のビジョンへの信念と、それを実現するためのエネルギーと努力——があれば、二十一世紀初頭のジェットコースターのような時代を、楽しんで乗り切ることができるはずだ。今までの経済、政治、文化の仕組みの全てが、姿がまだはっきりと見えてこない未知の新世界に、移ろうとしているのだ。ジェットコースターのような、アップダウン(浮き沈み)を体験するのは目に見えている。酔わずにエンジョイするための心構えとテクニックについては、これから述べることにしよう。

第一章　メガチャレンジ　その1
新しい経済学とビジネスの模索

社会や経済を形成し、その変化の根本的な原動力となるメガトレンドは何であるかを、知ることができるのと同様に、新しいミレニアムでわれわれが直面する大きなチャレンジは何かということも知ることができる。

ここで言うチャレンジとは、小規模で特定の地域や人々にのみ関係しているものでもない。まさに「メガチャレンジ」とでも呼ぶべきものであり、人類すべてに関わり、われわれの日常生活や仕事など、どんな側面においても影響を及ぼすものである。先述のとおり、ものごとをどう判断し、どう行動するべきかの模範となっていたパラメーターやガイドラインは、崩れ去ってしまい、代わりとなる安定した新しい仕組みは、まだ現れていない。もしかすると、新しいミレニアムがわれわれに課しているもっとも大きなチャレンジは、変化し続ける流動的な世界での生き方の模索なのかもしれない。

二十一世紀に直面するメガチャレンジは、少なくとも三つあるように思う。その三つとは、経済学とビジネスの再構築、政治と民主主義の再生、そして文化と伝統の再考である。

これらの領域で、新しい「オペレーションシステム」への道を見つけることは、決して一部の政治家やビジネスリーダーにまかせていいような課題ではない。何度も繰り返すが、中央集権やトップダウン式のリーダーシップは、もはや十分に機能しない。一人ひとりが持つ力や可能性を最大限に活かし、この三つのメガチャレンジに立ち向かっていくべきなのである。これは間違いなく刺激的でやりがいのある挑戦となるのだ。

マジックナンバーである「二〇〇〇年」まで二年を切ったが、ユートピアを作る大きなチャンスとすぐれた道具は揃っている。もちろん、克服すべきことは多い。貧困との戦いから、環境保護、エイズや癌などの深刻な病気治療法の発見など、枚挙にいとまはない。しかし、二十世紀末の十年間の発展によって、これらの問題に立ち向かうためのわれわれの能力は高まっている。いまこそ、前向きな態度や行動をとっていけば、真の意味でグローバルで豊かな世界へと向かっていくことができる。それは、多様性や各国の違いが尊ばれ、個人の自由が尊重されながらも、コミュニティがより強固になる世界なのだ。

経済は世界を動かすエンジン

今後、直面するメガチャレンジの中で、最も重要なものは、経済の再構築や新しいビジネスへの模索であろう。経済が第一と考えるのは、経済的事情と経済の変化が、未来の世界で最も重要な牽引力となると思うからである。他の分野での変化を起こすのは経済だと言ってもいい。

私はいつも、われわれがどの方向に向かっているのかを感覚的に知るために、世界経済の発展に目を向けている。そして、草の根レベルで起こっているさまざまな活動やビジネス・イニシアチブといった、ミクロ経済に注目するようにしている。世界の変化を起こすエンジンとなるものを見極めるために、私が使ってきた手段は、何千種類もの地方新聞の記事を調べたり、アメリカをはじめとする世界中の草の根レベルの調査をしたり、世界中の人々と親しく話をすることなどである。私はこの調査方法を、「コンテントアナリシス(内容分析)」と呼んでいる。この手法を使うことによって、重要な長期トレンドと、一時的で短命なブームとを見分けることができる。政治家や国家首脳たちは、いまだに自分達がマクロのレベルで、世界を支配しているつもりなのかもしれない。いかにその信念が幻想であるかということを、この本で示すことができれば幸いである。

いずれにしても、新しい経済ゲームのプレイのしかたを学ぶことが、個人にとっても、ビジネスにとっても、二十一世紀で成功するための決定的な要素になるのだ。

資本主義の偉大なる勝利!?

一九八九年十一月九日、ベルリンの壁は崩壊した。私は、当時、ベルリンにいたので、それをこの目で見る機会に恵まれた。これは、二つのドイツを隔てていたコンクリートの壁の崩壊であると同時に、共産主義の壁の崩壊を象徴するできごとでもあった。鉄のカーテンは全欧州からすみやかに消え去り、冷戦は終結した。そして、人類は史上最大の脅威、つまり核による絶滅の脅威から解放されたのである。

このめざましい変化は、さまざまに解釈することができる。まず、民衆や個人の勝利を象徴しているという見方がある。全体主義政権は、自由と個人の尊重を求めてやまない人間の普遍的な精神を押さえ続けることはできなかったという見方である。

しかし、ベルリンの壁の崩壊は、何よりも資本主義の成功とその輝かしい勝利を象徴しているという見方の方が一般的であろう。工業化時代を、資本主義で運営すべきか、それとも社会主義で運営すべきかという議論が、地球規模で繰り広げられてきたが、一九八〇年代末まで、はっきりとした結論は出なかった。政治的なコントロールについていえば、ソビエト連邦は世界のかなりの部分を制しており、この政権が一夜にして倒れるなどと想像した人は、ほとんどいなかった。

社会主義の治世が終わると、西側の政治家や経済学者は、陶酔状態に陥った。資本主義の優越性が証明されたと考えたのである。地球上の政治経済システムにおいて、唯一の競合相手である社会主義は敗北した。これで、資本主義は永遠に不滅だと考える人も、少なくはなかった。

しかしながら、資本主義が社会主義を打ち負かしたのは、資本主義こそが、将来に向けての完璧な経済システムであったからかどうかは、大いに疑問に値する。ソ連のシステムが崩壊した最大の原因は、政治的あるいはイデオロギー的な戦いの結果というよりは、経済的な重要性が増してきた現在の世界を反映した動きといえるのではなかろうか。そして、もう一つの要因として、通信革命によって可能になってきた、世界の透明度があげられる。政治の指導者が、経済や情報をコントロールし、「もっと自由を、もっと選択を」と望む市民の衝動を抑えることは、もはや不可能になってきていたのだ。

そして、外敵を失ったときによく起こる現象だが、資本主義の見かけ上の勝利は、ある種の自己喪失をもたらした。資本主義には、その特質を浮き彫りにし、その優越性を証明するための対立者がなくなってしまった。

そのうえ、資本主義と社会主義の熾烈な戦いが起こったのは、工業化時代であったことも忘れてはならない。一般的な常識として、工業化時代はすでに終わり、今は情報経済の時代に移行している。だとすれば、資本主義は一つの戦いに勝ったものの、ある意味でその「戦争」自体はすでに無意味となり、そして「戦場」もがらりと姿を変えているのだ。資本主義と呼ばれるシステムは、その成功の頂点に達したところで、実は宙に浮いた状態になっている。特に、イデオロギーや歴史の荷物が重くのしかかっていたヨーロッパの「資本主義」において、それは顕著である。

勝利がもたらした意外な空洞化

フランシス・フクヤマは、その著書『歴史の終わり』で、資本主義の勝利について述べている。彼によれば、民主主義とともに資本主義が世界中に広がってきたということである。今では、キューバと北朝鮮を例外として、ほぼすべての国は、市場経済のルールによって、経済のゲームを構成している。そして、間違いなく、次の世紀には誰もが資本主義のやり方で、ビジネスをするようになるだろう。もっとも、私は、「資本主義経済」というより、イデオロギー色の少ない「市場経済」という言葉を好むが、表現の善し悪しは別として、今日の世界で、他にうまく機能しそうな経済システムを見出すことは難しい。

しかし、すべての人が単一システムに従う時、そのシステムでカバーしきれない現象が、必ず多数現れる。特に、いまの市場経済をみると、それが意外な空洞化に悩まされていることとは明らかだ。前にも述べたように、このシステムは、工業化時代に、国家経済の枠組みの中で作られたものであるため、時代が変わった今、適応できなかったり、説明し切れない部分が数多く出てきたのも、当然と言えば当然である。グローバル情報経済においては、資本と労働だけでなく、富の意味そのものさえも大きく変わってきており、伝統的な経済理論やシステムで、現在の経済を理解しようとするのは極めて難しい。

やがて、この空洞化した状態の中から、新しい経済理論や新しい戦略と、ビジネス実践の方法が、浮上してくるに違いない。資本主義でもなく共産主義でもない、第三、第四、あるいは第五のやり方が培われるはずだ。この過程は、実に健全なものだ。そして、長い年月のうちには、よりすぐれた、現実に即した新しい経済システムの全体像ができあがるかもしれない。

今日、目にするように、資本主義は時に、残酷な一面を持ち合わせている。現在の世界では、金持ちはより金持ちに、貧乏人はより貧乏になっていく傾向があるようにみえる。貧乏人が本当にますます貧乏になっていくという主張に、私は個人的には賛成しかねるが、資本主義システムでは、才能ある人や金持ちは、常に有利な立場にいることは明らかである。

これは、ある意味で、自由と平等の間の選択をするようなものかもしれない。平等の方に重きを置くとすれば、お金を再配分して、全員が同じ程度になるようにしようとする。むろん、これは社会主義システムが目指したものだが、成功したとはいえない。自由の方を選べば、金持ちとそうでないものに別れてしまい、嫉妬や妬みの渦巻く状況が生まれたり、争いさえ起こるかもしれない。

ここには、文化的な違いは大きな意味を占めている。例えば、アメリカ人にとって、最も優先順位が高いものは、間違いなく、「自由」である。人が金持ちになっているのを目にすると、「よし、それなら自分も金持ちになれるだろう」と考えるのが、だいたいの反応だろう。しかし、ヨーロッパ人ならば、まず「それはフェアではない」と考えるだろう。ビル・ゲイツのような人があんなにリッチになるのは、「フェアではない」というのがヨーロッパ的な見方である。

しかし、前にも述べたように経済はゼロサムのゲームではない。全体のパイが大きくなれば、誰も皆、より豊かになることができる。現在のシステムにおいてアンフェアな要素はあるかもしれないが、唯一存在していたメジャーな競争相手の共産主義の結末は、惨澹たるものであった。時がたてば、自由かつ公正な経済システムを作ることができるかどうかという、永遠の問いに対する答えが見つかるだろう。

従来の経済学はなぜ限界にきているのか

今後数十年の経済活動において、市場経済が全体の枠組みとなることは、確実だろう。とはいうものの、経済学全体と経済モデルのほぼすべては、タイムラグ、つまり一種の時差ボケを被っていることははっきりしている。アルビン・トフラーに言わせれば、「フューチャーショック」にかかっているのだ。

私は南ユタ州のサトウダイコン農場で育ったのだが、子供の頃、「経済」という言葉を口にするとその意味はかなり的確に捉えることができていた。少なくとも、経済学者は実際の経済活動を計ったり、モデル化したりするのに、かなり正確な手法を持っていると考えていた。当時は、天然資源によって国家の富を計っていた。資本主義は堅実な資本の所有を基本としており、農民、労働者、工場所有者――しばしば、嫌われ役の「資本家」――などの階級に社会を分けることに大きな意味があった。アメリカや日本という国家経済を、きれいに描写することはできたし、前年度の統計との比較なども可能であった。経済を実際に「計測している」と、かなり確信をもって言える時代だったのだ。

そして、経済活動は、国家内あるいは国家間、つまり、「インター」「ナショナル」な枠組みにおいて営まれていたことも、明らかであった。

しかしながら、われわれは、完全に新しい世界にほうり込まれている。日本やアジアの虎と呼ばれる国々は、天然資源をもたなくても経済的な成功ができることを、証明してきた。これは、誰もが納得する事実である。また、情報を基本とする経済が発展し、広く行き渡るにつれ、富と天然資源の直接的な関連性は、もはやなくなっている。世界の資金の多くがコンピューター上の数字という形で存在しており、もっとも確実で価値の高い資本家の資源であった金（ゴールド）の重要性が、今日では大きく後退している。そして、以前のように、国家経済を一つのまとまったものとして表そうと思っても、それは現実の状況とほとんど一致しないのだ。

何十億ドルもの資金が、高い金利を求めて、世界中の金融株式市場を一夜にしてかけめぐる。ある場所で利益を手に入れ、翌朝には、その資金は地球の別の場所に送られ、別の市場の投資に充てられる。このような世界で、米国や日本のGDP（国内総生産）を問題にすることすら、ほとんど意味がなくなってしまった。それは、カリフォルニアのGDPだとか、京都のGDPだと言うようなものである。今日の地球上の経済の実態を知るには、旧態依然とした経済モデルや計測方法では、完全に用をなさないのだ。

それなのに、経済学者の多くは、何もなかったかのように今までと同じやり方を続けている。データを処理するための、高性能のコンピューターを手にいれ、より細かなセオリーを立て、より複雑な計算をするようになったかもしれない。しかし、経済学の根本は再構築されていない。グローバル経済が示す何百万もの変数や引力を考えれば、経済予測を正確にしようという試みは、いかなる手法やモデルを導入しようが、愚かな試みであることは言うまでもなかろう。経済学者はかつて、数百の変数を使ってコンピュータモデルを作っていたが、今は千の単位の変数をインプットしているかもしれない。しかし、これさえも、それ以外の何十億という変数からなる世界経済のメカニズムからみると、ほんの一部に過ぎない。経済学は、昔もたいへん不可思議なものだったが、今日では、益々わけがわからず、理解不可能なものになってきている。

情報化社会の新しい経済理論を待ち望む

経済に関して言えば、フューチャーショックを受けるのは、初めてのことではない。エ業革命がイギリスで二百年前に始まったとき、人々はこういったものだ。

「モノに価値などあるはずがない。工場の製品にどうしてそんな価値があるのだ」

当時、実在し、存続する唯一絶対の価値は、自然資源、土地、建物だと考えられていた。これらは、長期的に存在し、価値のある資産だと考えられていたのだ。錆びたり、なくなってしまったりする、ただのモノである製品に真の価値があるなどということは、最初は考えられないことであった。

しかしながら、やがて「タイムラグ」を乗り越え、新しい状況に適合したやり方が見いだされた。工業社会用の経済理論が発展し、前に述べたような、社会主義と資本主義という二つの理論が競合するようになった。

しかし、現在、人々は再び、こう問いかけている。「情報にいったい何の価値があるのだ」、と。情報とは、いつでも消えてしまうコンピュータースクリーン上の、つかの間のデータに過ぎないのではないか。

価値というものは、工業化時代の前には、土地や資源のなかにあると考えられていた。工業化時代になると、それはモノと製品にも認められるようになった。しかし、経済学者を含む多くの人にとって、情報の価値をどう扱ったり見積もったりするかということは未だにわからない。私が『メガトレンド』を書いた一九八〇年代の初頭に、工業化社会から情報化社会への移行について講演したりすると、きまってこう聞かれたものだ。「いったい、どうやって、情報が資産になるのだ」。今では、情報に価値があるという考え方は広く受け入れられるようになったが、知識、情報、創造性といった無形の財産を正確に計量化できる経済モデルは依然として存在していない。

企業の生産性を測定する現在のやり方は、同じく時代遅れもはなはだしい。いまだに人々は、決められた時間内でどれぐらいたくさんの「モノ」をつくることができるかという意味で、生産性を測っている。情報技術や知識ベースの仕事が、いかに生産性を高めてきたかということを示すのは、ほとんど不可能である。情報産業で働いている人々は、彼らの生産性が向上したことを強烈に体験するが、旧来の測定法ではそれが測れない。

今日切に必要とされているのは、情報社会の価値の新理論である。われわれは、工業社会に合う価値理論を持っている。今、必要なのは、マルクスの「労働価値理論」に匹敵するような「知識価値理論」である。最初にこの分野でわかりやすくて適切な理論を構築する人は、まちがいなくノーベル賞を授与されるだろう。

起業家が力を持つ時代

伝統的な経済学者は、起業家の存在を無視することが多い。経済解説のほとんどは、株式市場の価格や貿易不均衡といった、マクロな問題を扱っている。依然として、日米摩擦のことをよく耳にするし、国の指導者達は、経済問題について多くを語っているが、現実には国の指導者でさえ、経済にはほとんど影響力がなくなってきている。

グローバル経済の勃興は、起業家が世界中を席巻していることを知らないで、理解することはできない。マクロの要素だけで描く絵柄は、経済の多様化と分権化につれて、ますます不正確になっている。起業家精神を特徴づける人間的な要素、つまり、野心、ハードワーク、ビジョン、ビジネスを興し育て上げようという夢などは、伝統的経済学の基準でははかりきれない。しかし、今は、まさしくその起業家精神の活気にあふれる時代の真っ只中にいるのだ。

一九九七年の秋に、ニューヨーク株式市場は、ポイント数でいえば、最大の落ち込みを見せたが、米国経済はいささかの景気後退も起こさなかったのは、どういう理由によるのだろうか。なぜ、通貨危機や株式暴落が叫ばれている中で、アジア諸国は元気なのだろうか。そして、なぜ発展途上国の経済は、ほんの数年で先進国に追いつこうとしているのだろうか。このすべての疑問は、地球上いたるところに星の数ほどいる起業家の活動によって説明できる。起業家の成功というものは、ほとんどの場合、会社が大きく成長し株式市場に上場するときに初めて公の目に入り、認められるのである。あるいは、時々は中小企業の成功物語が、おもしろい読み物として新聞記事で紹介されることもある。しかし、地球規模で展開されている起業家たちのめざましい成功は、単なるおもしろい物語ではない。それは、世界の経済を再構築する力として、ますます力強いものになっているのだ。

毎年、百万社が設立されるアメリカの起業家ブーム

今から十年ほど前のことであるが、一九八七年十月に、ニューヨーク証券取引所は、「ブラックマンデー」で騒然とした。一日で株価が二十二パーセントも下落したのである。メディアがこぞって、一九三〇年代の大恐慌と比べるほどの大きな暴落だった。

私は、このブラックマンデーが起こった時、ローマにいたが、イタリア人ジャーナリストが興奮して、私に質問をしてきたことを覚えている。

「この暴落によって、アメリカの経済には何が起こるでしょうか」

私は、確か、次のように答えたと思う。

「たいしたことは起こりはしない。株式市場が暴落したのであって、アメリカの経済が暴落したわけではない。それに、これはほんの一時的なことだろう」

当時、アメリカの経済活動を考えると、驚くべき起業家ブームが始まったばかりということは、私には明白だった。そして、まさに思ったとおりに、アメリカ経済はブラックマンデーをいとも簡単に乗り越え、深刻な事態にはまったく発展しなかった。

実質の経済力を株価指数の上下動と同一視するのは、あまりにも単純すぎる。株式市場は、ギャンブルをするカジノなのであって、全体のほんの一部しか表さない。経済がどれぐらい健全かを測るには、もっと微妙なところまで見なければならない。

起業家ブームはアメリカをはじめとして、世界の多くの国で一九九〇年代を通して続いてきた。一九九五年から、アメリカだけで毎年百万以上の新会社が設立された。考えてみてほしい。百万以上の会社が事業を始めるということは、毎年、アメリカ市民二百五十人に一人が新会社を興していることに匹敵する。これが経済を復興させ、長期にわたって堅調な成長を続ける力となってきた。一九五〇年代、六〇年代に、アメリカ経済が絶好調だったときに、新しい会社は年に六万から六万五千しか設立されなかった。しかし、一九七〇年代になって、情報化経済への転換が始まった。この転換は、広い範囲にわたり、根底から変化を起こしたので、起業家にとっては、大きなチャンスをもたらす時期となった。年に二、三十万社が設立され、じきに五十万社が設立されるようになった。この傾向は、過去数年ぐらいの間にますます強まり、今では年に百万もの新しい会社が設立されるまでになった。

百万というこの数字は、経済の中心が大から小へ移り、成功戦略がトップダウンからボトムアップへ変わっていることを、象徴的に表している。

今日のアメリカでは、輸出総額の半分以上が従業員十九人以下の会社によるものである。従業員五百人以上の会社は、輸出総額のほんの七パーセントを占めるに過ぎない。そして、アメリカのフォーチュン五百（トップ企業の五百社のランキング）の経済生産は、一九七〇年には二十パーセントだったのに対して、今では国の総生産高の約十パーセントに過ぎないのである。経済の九十パーセントはそれ以外の会社、すなわち中小企業によって担われている。大きなグローバル経済の担い手は、個人であり、創造的な起業家なのである。多数の小さなプレイヤーが力をつけてきている時代であることは、目に見えてわかる。

ヨーロッパとアメリカの比較をすると、この起業家による経済再興の重要性がよくわかる。アメリカで一九七〇年に百の雇用先があったとすると、今日その数は百六十九である。つまり、六十九パーセントも勤め口が増えたことになる。ヨーロッパではどうかというと、一九七〇年の百に対し、現在は九十六となる。三十年近くの間に、新しい雇用は生まれていない。ヨーロッパで経済が不振で成長が見られないのは、まさに起業家が活動しにくいからである。起業家に対して、税金や規制の点であれほど不利にするのは、ヨーロッパに悪影響を与えている。むしろ、新しいビジネスを始めるのに適した環境を創るべきである。アメリカではこのような環境が存在し、これこそが今日の世界でもっとも活気のある経済を創ってきた根源なのである。

スモール・イズ・パワフル――「小は力なり」の時代

前述のとおり、経済学者は起業家を無視しているようである。小さくて測りにくいものは、相手にされないようだ。幸いなことに、起業家の方でも、常に経済学者を無視している。もし起業家が、公表された統計や経済予測に頼っていたならば、新しいことやおもしろい活動は何も起こらないだろう。グローバル化している世界経済において、競争力は大きさや従業員の数で決まるのではなく、市場への迅速な対応、柔軟さ、そしてイノベーション（技術革新）によって左右されるのだ。そして、この意味で小さな会社や個人でさえもが、官僚的な大会社を百発百中打ち負かすことができる。そして、グローバル経済においては、多国籍企業がビジネスを独占できていた時代は、急速に終わりつつある。実際、世界経済が大きくなり、オープンになればなるほど、中小企業が優位を占めるようになるだろう。

「スモール・イズ・ビューティフル」、小さいということは美しいことだ。かつてそう言われていたが、今ではむしろ、「小は力なり」と言えるのではないだろうか。スモール・イズ・パワフルの時代になりつつあるのだ。

昔、会社のマネージャーは、自分の支配下にどれだけ多くの従業員がいるかということを自慢していたが、将来は、どれだけ少ないかということを自慢するようになるだろう。これからの世界では、迅速な意志決定と、革新的で意欲のある従業員を擁する小さくてクリエイティブな会社が有利になる。そして、成功するか否かは、ますます人対人の人間味あふれるコミュニケーションによって決まってくる。この新しい経済を創り、一対一のコミュニケーションをするのは、個人であり、これによって地球規模のビジネスにおいても、個人的な親しい関係が増えていくことを意味する。新しいビジネスの世界は、大企業の顔のない取り引きから、人間的要素、言い換えれば、ヒューマン・ファクターがより大きなウエィトを占める世界へと、移行するであろう。

繁栄の鍵は「適正規模」だ

しかし、本当に美しいのは、小規模なものでも、大規模なものでもなく、適正規模なのである。あるビジネスを成功させるためには、その適正規模はどれぐらいなのかを見極めることが、何よりも重要になる。いくら「小規模こそパワフルだ」と信じ込んでも、自宅のガレージで、七四七型のジャンボジェット機を創ろうとは、誰も思わないだろう。もし本当にそうしようとしたら、ただの愚か者になってしまうのは言うまでもない。つまり、小規模が必ずしもよくて、大規模なものが必ずしも悪いということではないのだ。ここでの基本的なポイントは、適正規模が成功をもたらす鍵であるということだが、かつての常識で考える企業の規模と比べれば、どんどん小さくなっていっていることは確かだ。

グローバリゼーションによって、一人で切り盛りしている会社でさえも、インターネット上で成功することができるようになったが、小規模の価値やパワーは、伝統的な会社組織にも当てはまる。ニッチマーケットをさがし、それを利用することは、ビジネスにおいての最適な規模を見つけるのと同じことである。何人を雇い、どれぐらいの投資をし、市場のどの部分をねらうか。こういった検討をする時、適正規模の重要さは増してきている。マスマーケティングや大量生産は、もはや成功を保証するものではない。鍵となるのは、適切な運営方法や事業規模を見極めるという能力である。

全く無名だったメキシコの会社が数年前、アメリカのオフィス、寮、ホテルの部屋用の小型冷蔵庫に、マーケットニッチがあると考えた。その会社は、アメリカに最も多くの冷蔵庫を売っている外国企業となった。彼らは、個人客やマスマーケットを、ビジネスの対象とさえしなかった。

グローバル経済が大きくなればなるほど、小さなプレイヤーの力が増す。何度も触れてきたこのグローバル・パラドックスは、特にビジネスの世界で顕著である。ソニー、フィリップス、ＩＢＭ、ジェネラルモーターズなどの大企業が、次のミレニアムに向かって生き残りをはかるためには、いくつもの小さな会社の連合体のような組織に生まれ変わらなければならないだろう。これは、すでに起こりつつある傾向である。

アセア・ブラウン・ボヴェリ（ＡＢＢ）は、世界最大の重電企業で、年商三百五十億ドル以上をかせぎだしている。そして、この会社は、大胆な分社化をしたことで有名である。ＡＢＢは、最近、千三百の独立会社に分割したのである。つい最近まで会長だったスウェーデン人のパーシー・バーネウイークは、こう語っていた。

「ＡＢＢは、グローバルな会社ではない。われわれは、強力なグローバルコーディネーションを持つローカルな会社の集合体なのだ」

これは、まさに新しい経済において、成功している巨大企業の完璧な定義であるといってもいい。グローバルな会社ではなく、強力なグローバルコーディネーションを持つローカルな会社の集合体。分割により、スイスのチューリッヒにあるＡＢＢ本社は、六千人から百五十人に人員が減り、その結果として煩雑な手続きを省き、コストを大幅に削減することができた。

ＡＢＢが、この目をみはるような分割をやってのけられたのは、通信の発達によるところが大きい。ほんの十年前でも、この新しい形の組織の複雑さに対応できる技術がなかったというだけの理由で、このような分割はできなかっただろう。しかし、この新しい形態は、複雑に見えるかもしれないが、先に述べた新経済の特質の多くを反映している。たとえば、自己組織化が可能になり、グループにおけるそれぞれの企業の選択の自由も増えた。また、従業員と顧客間、あるいは従業員と上司の間の関係も、より親密になったに違いない。

ボトムアップ戦略で成功しよう

ビジネスで成功するための適正規模は、どんどん小さくなっている。そして、最適な戦略はボトムアップであり、トップダウンではない。新しい経済において、大企業を作るということももちろん可能であるが、組織の個々の部分が効率的である場合にのみ、成功が期待できる。各部分の効率性いかんで、会社の利益が決まってくるのだ。この、各部分の効率性に左右される割合は、かつてないほど大きい。それは特に、フットワーク、イノベーション、クリエイティビティが成功の鍵であるような市場において、当てはまることである。創造性と新しい提案、独創的なアイデアが、ボトムからトップへとスムーズに流れていくようにしなければいけない。自己組織化が進むネットワーク型組織は、トップダウンの命令や管理によるコミュニケーションのやり方では、効果的に運営はできない。

起業家時代は、このボトムアップ構造が非常に特徴的であり、それが故に、政治家や経済学者のような人々に無視される場合が多いのだ。トップダウンの組織では、一つの指示やインプットが、たとえば千人の従業員に伝達される。この状況をひっくり返してみると、どうなるだろうか。基本的に千人分のアイデアやインプットがあり、それが組織構造上のトップにフィードバックされることになる。これは、個人企業だけではなく、経済全般にわたり、起業家ブームなどによって自ずと起こっている現象である。そう考えれば、経済学者が、信頼性のある経済モデルを創ることに、お手上げ状態になるのも無理はなかろう。

ボトムアップ戦略は、ビジネスで成功する秘訣であるだけでなく、発展途上国の生存戦略としても、もっとも適切、いやむしろ唯一の手段なのかもしれない。第二次世界大戦後四十年以上、富める国は富まざる国に、「問題を解決するためには、中央政府による計画が必要だ」と言ってきた。富める国の専門家たちは、富まざる国の経済発展のためにどうすればよいのか、現地の人々より熟知していると思い込んでいた。これは、資本主義国によってなされた「中央主導による計画経済」であったとも言える。しかし、やがてソビエト連邦は下降線をたどり、中央による計画は時代遅れであることがいっそう明らかになった。それまで、金持ちの支援者からの援助が、発展途上国の大きな工業プロジェクトなどに、とぎれなく与えられた。しかしそれは、人々に意欲をもたせることに主眼を置くボトムアップの戦略に比べて、真の経済発展を引き起こすには、決して効率的ではなかった。そのうえボトムアップのほうが、ずっとコストも安いのだ。

バングラデシュのグラミーン銀行のようなプロジェクトは、現地の起業家たちにローン貸与を続けてきた。この起業プロジェクトの多くは、女性によって運営されている。グラミーン銀行は、大きな成功を収め、今や多くの貧しい国の経済エンパワーメントのモデルとなっている。五十ドルから百ドルぐらいの資金が貸与され、返済率はおよそ九十八パーセントだという。人々は、実際にローンを返し、その間にさまざまな新事業を通じて、現地の発展を引き起こしてきた。この銀行の創始者は、最初たった二十七ドルの資本で事業を始めたが、今年は十億ドル以上の貸し付けを行うと見込まれている。これは、世界を実際によい方向へと変えるボトムアップ戦略である。

起業家の時代に、日本に迫られる選択

起業家の時代に、日本は手強いチャレンジに直面する。アメリカやアジア諸国と比べて、日本ではベンチャービジネスを立ちあげるのは、はるかに難しいからである。必要な資金集めの困難さや、おびただしい政府の規制や税法などは、起業活動の勢いをくじく。そのうえいまだに、NECやトヨタといった有名大企業で働くほうが、聞いたこともないような新興の会社で働くよりも、ステータスが高く聞こえがいいようだ。

日本の文化や社会は、失敗してはいけないというプレッシャーを与えており、これも日本で新しい会社を設立するに際してのリスクを重くしている一因である。アメリカや中国では、失敗してもやり直したり、別のことに挑戦したりして、うまくいくまでがんばればいいと考えられている。日本では、一旦失敗すると、たとえそれがはじめての挑戦であったとしても、非難されるのが普通である。これは、文化的なことであり、教育システムに非常に深い関係がある。

起業家精神の占める意味は、一時的な流行や短期的なトレンドと異なり、まったく新し

い経済の、もっとも重要な特質なのである。それ故に、もし日本人が、この新しいグローバル経済で競合し成功したいのなら、起業活動をもっと奨励しなければならないだろう。まず、政府はできるだけ速やかにビジネスへの干渉をやめなければならない。そして、リスクをとることへの考え方や失敗の受け止め方を変えることも必要だろう。起業家は計算されたリスクをとるのだ。いささかのリスクもなしに、クリエイティブかつ革新的な新事業を興すのはまず不可能である。それなのに、日本では、ほんの少しでもリスクがありそうだと、銀行は資金を貸してくれない。

日本が起業家のための経済環境をいますぐに整え始めない限り、経済活力という点で、他のアジア諸国が日本を追い越すだろう。日本はボトムアップで成功した国ではないかもしれないが、過去の成功要因は必ずしも未来における成功を保証するとは限らないのだ。旧来の基準と考え方が崩壊する中、新しい方法を積極的に探し出すことこそ、置き去りにされないための唯一の道である。

バイオ経済の台頭

十年近く前、『メガトレンド二〇〇〇』（邦題『二〇〇〇（トウェンティハンドレッド）』日本経済新聞社刊）という本の中で、われわれが世の中を説明づけるために用いるモデルや例えが、物理学から生物学へと大きく移行していることを詳しく述べた。

物理学のモデルや例えは、機械論的な世界観を主とした工業化時代には、ずいぶんと使われていた。この象徴的なものは、例えば、エネルギー集約的、リニアー（直線的）、マクロ、機械的、決定論的、拡大指向などであった。そして、これらの概念は、経済理論やモデルにも、大いに活用されていた。主に、マクロ的な経済の見方をもとにして、直線的で決定論的な経済予測がなされてきた。しかし、起業家時代の特質として、直線的で決定論的なものはほとんどなくなることは明らかであり、マクロ経済学者の「眼鏡」をかけていては、これからの経済の発展の源となる力を理解することは不可能である。

二十一世紀に、われわれの住む社会は、複雑で錯綜した情報のフィードバックシステムという特徴を持つだろう。これは、まさに生物の有機的組織体、生命体の特徴を反映していると言える。実際、生物学のモデルや概念は、新しい経済を理解する最適なツールであるようだ。例えば、次のようなものがある。情報集約的、ミクロ、自己組織化、内なるバランス、適応性、ホリスティック（包括的）などである。情報化経済について語るとき、物理学よりも生物学から用語を借りる傾向が強い。カオスや複雑系を扱う科学の新領域でさえ、生物学的な概念をもって、進歩しているのだ。

このような生物学的な経済、「バイオ経済」の鍵となるコンセプトに目を向けることによって、起業家時代を理解する可能性と、経済再構築というメガチャレンジをどう扱うべきかという考え方の枠組みの両方が手に入るかもしれない。

経済は生物体そのもの

グローバル経済が、機械のような仕組みでないことは明らかである。経済を動かし、正確な経済予測を可能にする、機械的かつ決定論的な法則は何一つ存在しない。私が、起業家精神と人的要素を大いに強調することによって明確にしたいと思うのは、経済は巨大な生物体であるということだ。ある一つの目的やある種の意図に向かって動いているという意味においてではなく、経済が、どんな生物体あるいは生物社会にも見られる原則によって動いているからである。

これはとりたてて驚くべきことではない。経済現象について語るとき、生物体に関連する用語はずいぶんたくさん使われている。「伸び」とか「成長」とか「共生」などである。機械は伸びたり、成長したりしない。機械は、単にそのままの機械なのである。近年、生物学の用語は、ますます頻繁に経済学の用語として使われるようになってきた。コンピューターシステムを攻撃する「ウィルス」があったり、この忌々しいサイバー病を撲滅するために開発されたソフトウェアが、皮下注射の絵のアイコンでスクリーン上に現れたりすることもある。そのうえ、ウィルスに伝染していないかどうかを調べるための「ワクチン」まである。そして、これらすべては「マウス」という名前の小さな用具によって操作される。

グローバル経済は自己組織化によって動く

自然は完全に自己組織化によって営まれており、われわれ人間が干渉しない限り、素晴らしく効率的でバランスがとれている。グローバル経済を含めたすべての生物体やシステムは、自己組織化によって機能している。そして、自己組織化が許されれば許されるほど、生存や進歩のチャンスも増えるのである。

グローバル経済には、コントロールをする舵取りはいない。経済超大国と呼ばれる国でさえ、コントロールするだけの力はない。これは実にいいことなのだ。無数の要素や関係性から構成される巨大な経済生命体を、管理したり効率的に操作したりできると思ったとしたら、大惨事への道を歩いていると考えたほうがいい。こういうわけで、先に述べた通り、地球政府は決して実現されはしないだろう。地球政府が、グローバル経済に関する賢明な決定を下すことができると信じるのは、大きな間違いであり、下手をすると、誇大妄想癖と疑われかねない。

もちろん、貿易の世界では、世界貿易機関（ＷＴＯ）のような地球規模の組織はあるにはある。しかし、こういった機関がしていることは、グローバル経済の管理や規制ということではない。むしろ、国同士が交流したり、貿易摩擦を友好的で礼儀正しいやり方で解決するための場を提供している。WTOは「管理者」としてではなく、「話し合いの場」を提供するという意味では、それなりに意義のある役割を持っている。

地球上に張りめぐらされている電話システムは、世界の自己組織化を理解するためのかっこうのモデルといえるかもしれない。十億以上の電話機が世界中に散らばり、理屈から言えば、この十億の電話番号にかけたり、十億の電話のいずれからでも電話がかかってくる可能性はある。しかし、決して電話しない相手先が圧倒的に多いのと同様、一日のうちに世界中から百万箇所から電話がかかってくるということもない。私は、たとえばウガンダのような国に一回も電話をしたことはないし、たいていの人は、世界の国の中でほんの一握りの国にしか電話をしないだろう。グローバルな電話システムは混沌として収拾がつかないようにもみえるが、だからといって壊れたりするわけではない。この十億の変数を持つ巨大システムの中で、一人ひとりが自分の領域を作っているからである。つまり、電話でのコミュニケーションをとる相手という領域は自ずと作られるのだ。

もちろん、最近では、自己組織化のモデルとしては、インターネットが電話システムを追い越してしまった。インターネットでは、完全なる自己組織化がみられ、だれも責任を持っていない。インターネットは、アメリカの国防総省の資金によって開発されたことは事実だが、本当に発展したのは、それを一般に公開し、世界中の起業家たちがこの貴重なビジネスチャンスを活かそうと活動を始めてからである。大小さまざまな企業が、このネットワークとそれに伴うインフラを開発し始めたのは、別にどこかの国の政府や、国際組織の指導によるものではなかった。「ワールドワイドウェブ」の爆発的な成長の全ては、ユニークで完全に自己組織化によって発展したものである。ほんの六、七年前ではこれほどの発展がこの分野に起こることを、誰も想像すらできなかった。ユーザーの数は驚異的に伸びており、ほんの三、四年の間に数千人から事実上数億人になっている。システムが壊れるだろうと言った悲観論者たちはたくさんいた。アクセスできなくなるだろうとか、いろいろな心配があったのだ。しかし、このような悲観論はまさに、ものごとがうまくいくためには、中央からの管理や組織化が必要だという考え方の反映だった。インターネットの大成功は、中央の権威がなく、コントロールする存在がいないからこそ、壊れもせずに発展し、普及したということにつきる。システムは完全に分散し、個人がアクセスすることができる。個人的なネットワークや、データバンクや、会社といった、自分のドメインを作り出し、大きなウェブの中で相互に結ばれている。インターネットは、究極の自己組織化経済を体現しているともいえよう。

情報フィードバックを無視する企業は滅びる

生物体のもう一つの特質は、情報フィードバックの輪を使うことによる自己修正や自己調節がなされることである。これは、有機体すべてに見られる生物の基本的な特徴であり、人間の体温調節が、例としてよく知られている。体は、「寒すぎる」とか「暑すぎる」といった環境からフィードバックされた情報に反応し、これに基づいて、筋肉の動きや汗の出し方を調整する。すべての有機体は、無数の情報の輪を持っており、そのまわりの環境との関係においても、その輪は重要である。そして、グローバル経済において、同じようにフィードバックの輪は今日、重要な役割を果たしている。

中央から経済を計画的にコントロールすることが不可能になったというと、いままでの考え方に縛られている人は、混乱と世界経済の崩壊を恐れるだろう。しかし、そういったことは決して起こらない。情報は、ビジネスに携わる人々に常に流れるので、彼らは生き残りのチャンスを最大限にするべく、そのフィードバックに合わせて常に活動を調整している。思い出してほしい。われわれが問題にしているのは、物言わぬ機械ではなく、知性と熱意のある生身の人間なのだ。マーケットが変動することはあるかもしれないが、カオス理論の研究が示すように、「変動」とはほとんどすべての生物現象にとって自然なことである。そして、一見、混沌としているものの中には、いくつものパターンや流動的な構造を見いだすことができる。

経済における情報フィードバックの輪がもたらすプラス効果は、プレリュードで述べた透明度を高めるということである。肯定的なものであれ、否定的なものであれ、情報はインターネットなどを通して、グローバルな受け手へ流され、フィードバックを促す。もし情報が否定的なもの、例えばある会社にとって不利なものであったなら、回りの世界からのフィードバックはその分だけ厳しく、生き残りのためには自己修正を迫られる。その会社がフィードバックを無視したり甘く見たりして、十分な自己修正をしない場合、倒産にまで追い込まれるかもしれない。企業の行動を監視し、そのグローバルな情報フィードバックの輪に関与している人は実に多い。先述のように、この透明度の高い世界は、ビジネスにおいてのより高い行動基準を要求する。また、できるだけ早い時期に、望ましくない活動を規制したり、やめたりすることを可能にする、というよりは強制するといってもよいかもしれない。

このように、グローバルな情報フィードバック経済は、個々の企業のバイタリティを高めると同時に、全体のシステムの標準を向上させるのに役立つに違いない。

自然からわれわれが学ぶべきもの

私が、自然や生物学を重視するのは、その中から学びとれるものが多いと考えるからである。自然は混沌としていて、複雑なように見えるかもしれないが、全体としてみると、美しい調和を保っている。自然はパラドックスとうまく共生しており、パラドックスの上で繁栄しているといってもよい。そして、何度も申し上げているとおり、それが今後われわれの心構えとして必要なものなのだ。混沌の中の調和、あるいは調和の中の混沌といったものは、可能であるだけでなく、むしろ健康的な生物体のごく自然な状態なのである。

また、自然界が常に変化しているのも特徴的である。グローバル経済も同じく常に変化しており、それをまず前提条件としてわれわれは納得せざるを得ない。中央の管理がほとんど消えてしまったため、状況は絶え間なく変化し、流動的である。逆に、変化しない生き物は一つも存在しない。生き物は、死ぬときに初めて発展と変化を絶つのである。生物は、環境とのバランスをとりながら発展している。これを考えると、工業化時代の昔ながらの経済理論やビジネス方法から脱皮できずにいる国が、将来、バイタリティに欠けるであろうことは明白である。

常に変化し続ける状況の中でも発展し、環境とのダイナミックなバランスを保つための能力を極めることこそ、新しい経済でのビジネス成功にとって鍵となる要素である。

経済を生物体として見る新しい考え方により、経済学の数字や統計の背後にある人間の苦労や精神的活動が評価しやすくなる。バイオ経済には、起業家的な活動やミクロの要素を評価するという余地がある。そして、おそらく今後作られる経済の新しい理論やモデルには、これらのコンセプトやアイディアは徐々に取り入れられるに違いない。

歴史と威信を持った経済のような学問分野の再構築は、一夜にしてできるようなものではない。しかし、もしビジネスをしていて、世界の発展の先陣を切りたいなら、生物学に注目すべきだ。ここから多くのヒントが得られるはずだからだ。

バイオテクノロジーは次の波

生物学が今後ますます重要になっていくということは、遺伝子工学やクローンなどの分野の勇ましい発展からもうかがえる。バイオテクノロジーは今後の経済活動で、もっとも有望な分野のひとつであるのは間違いないが、同時にもっとも物議をかもす課題でもある。バイオテクノロジーは、毎日の生活に大きな位置をしめるようになっているが、われわれの多くは、この膨大な科学的現象についてほとんど知らないし、ましてやその社会的、倫理的な関わり合いについては、なおのことわかっていない。われわれのほとんどは、テクノロジーに対していささかの懸念を持っている。そして、バイオテクノロジーの急速な発達に伴って、倫理的判断が混乱しているせいか、その根本的な問題を避けようとする傾向が強まっている。

一九九七年には、スコットランドの研究者が羊の完璧なクローンを世に出したが、これを受けて多くの人々は一種の拒絶反応を起こし、この技術の真の可能性を探ることを拒み、頭から否定する傾向を示した。しかし、ただ単にその問題を避けても、どうにもならない。

バイオテクノロジーにまつわる疑問や課題は消えてしまいはしない。そして、一部の専門家の手に渡してしまうには、この問題はあまりにも重大である。

生物学が今後の経済のモデルづくりに大きく影響を与えるのと同様に、バイオテクノロジーは、社会全体においてかなりのインパクトが予想される。

「情報」の波の次には、「バイオ」の波がやってくると指摘する人がいるが、バイオテクノロジーの時代が始まるからといって、情報経済が意味をなさなくなるというわけではない。むしろ、生物学は、情報化時代の産物を、より効率的でよりよいものにするのに役立つのである。たとえば、コンピューターチップは、生物学的に作られ、効率を大いに高めたし、人工知能のような概念は、コンピューターやロボット技術の開発に、重要な影響を与えてきた。バイオテクノロジーから生まれるビジネスチャンスは、将来はかりしれないほど大きいが、だからといって、情報技術や情報化時代の製品が時代遅れになっていくということにはならない。情報技術と生物学は相補的な関係にあり、われわれが自由に使える技術ツールの性能向上を可能にしていくと考えられる。

バイオテクノロジーは、適切に使われれば、人類が抱える深刻な問題の多くを解決する助けになるだろう。少ない水でも生育できる新しい穀物は、食料生産の問題を解決するのに役立つし、エイズやガンのような深刻な病気を克服する新遺伝子治療法が、発見されるかもしれない。

しかし、この分野は感情的な反発が起きやすく、メリットとデメリットの両方を冷静に見ることは難しい。たとえば、なぜ人々がクローンをあれほど警戒するのか、私にはわからない。クローンは基本的に、すでに存在している遺伝的なものを再生産するプロセスであるに過ぎない。もっと議論されるべきなのは、遺伝子工学であろう。実際に生物の中に入ってDNAの情報を書き換え、以前には存在しなかったものを作ってしまうのだから、遺伝子工学は、クローンよりも畏怖を抱かせる技術である。バイオテクノロジーの中で、遺伝子工学の領域は、可能性が際立って大きい反面、激しい論争を巻き起こしてもいる。しかし、遺伝子工学を使うことにより、医学や農業において素晴らしい可能性が開けるし、今後数十年の間に、この分野で驚くべき発見や発明がなされるのは間違いないだろう。

バイオテクノロジーの使用に関する倫理的な問いかけは、人類にとって、極めて重要な問題の一つである。ある時代から別の時代への大きな転換を迎えるとき、倫理や哲学の性格を帯びた問いかけが浮上してくるのは避けられない。産業革命のとき、生活や労働のしかたが短期間のうちに大きく変貌し、人々は、人間の生活のごく基本的な事柄に関して深く考えるようになった。

バイオテクノロジーの社会で、人間がかつてこなしていたほとんどすべての仕事を、技術が代行してしまうという可能性を考えると、人間であるとはいったいどういうことなのかという問いがわれわれに突きつけられる。かなり多くの人が、テクノロジーとかグローバル資本主義を、押え込むべき悪魔のように考えている。経済や技術の分野全体において、深い内省の期間に入りつつあるようである。誰一人として、確固とした答えを持っている者はいない。人間とは何か、生命とはいったいどういう存在なのか、などということを再び考えることは、近代の革命の自然な成り行きであろう。これらは古代から受け継がれてきた問いだが、バイオテクノロジーの発展によって、新しい光があてられるようになった。

クローンされたいと思う人は、ごく少数だろうと思う。自分とまったく同じ形の人間が三人いる光景を頭に浮かべて、ぞっとしない人はあまりいないだろう。ましてや、頭のない人間のクローンを開発し、それを臓器移植用の「工場」のように使おうという発想に共感を覚える人は、まずいないだろう。これは、まったくの作り話ではない。あるアメリカ人の教授によれば、臓器移植用のクローン工場は、ほんの十年で可能になるだろうというのだ。バイオテクノロジーと倫理の問題は、新しい領域である。われわれは、本質的で全く新しい問題に直面しており、これに関する世論の形成は、間違いなく興味深いものになるだろう。

人類文明史上、これまで科学の進歩が止められることはなかった。従って、バイオテクノロジーを完全に避けることができるとか、時計を戻すべきであるなどと考えても無意味である。この問題にどのように対応するかを考えるほうが、はるかに建設的であろう。

これらの問題を考えるとき、中心に据えなければならないことは、人間的側面だと思う。健全なバランスを保つことがなによりも大切である。新技術がもたらすものと、社会に生きる市民の希望や価値の間の、人間らしいバランスを考える必要がある。ここでも幸いなことに、今日の経済と社会システムがもつ透明性は、全体を修正したり、バランスをとったりするのに、実に有効に作用することがわかる。バイオ経済の時代に向かって、速いスピードで進んでいることは明らかだ。十分な覚悟をもって臨まれることをお勧めしたい。

ネットワーキングこそ成功への道

いかに、バイオ経済において、数多い起業家の中の一人として、成功を手に入れるか。その鍵はネットワーキングである。ネットワーキングは、新しい経済でビジネスの成功を確保する唯一の方法である。同時に、ネットワーク構造は、自然界に見られる組織の基本的な形態でもある。生態系は、生物が協力したり競合したりするネットワークであり、その結果として、全体のシステムはバランスが保たれ、持続的に発展できる。自然の生態系には、捕食動物とその獲物はいるかもしれないが、ボスはいない。微生物からマンモスまでといった、自然のネットワークにおけるメンバーすべての間に存在している複雑な関係が、生態系全体のバイタリティと、その中の各々のメンバーの生存の可能性の決め手となる。自然界のネットワークでは、多様性があればあるほど、そのネットワークは強くなる。

昔の大型オフコン（メーンフレーム）から、今のパソコンネットワークへの転換は、ある意味で、グローバル経済の動きを象徴している。大きな組織が力を持っていた時代から、大きなネットワークが最強のビジネス組織である時代へと、われわれは移行している。アセア・ブラウン・ボヴェリがどうして分割する道を選んだのかについては、すでに言及したが、彼らは、自発的に大きなメーンフレームのような組織形態をやめ、代わりにネットワークで結ばれた多くの独立した会社になることを決めたのだ。

今日のビジネスでもっとも成功した形態の一つに、フランチャイズがある。フランチャイズは、多くの独立した店のオーナーが、自分のために働いているネットワーキングの好例であり、その中で一人ひとりの意欲と満足の度合いは高まってくる。フランチャイズのオーナーは、本部から直接管理されないが、そうかといって一人ぼっちでもない。ネットワークで結ばれ、サポートしてほしいときとか、個人メンバーが負担できないサービスやインフラが提供されるようなときには、大組織に呼びかけることができる。

マクドナルドを例にとってみよう。これは、フランチャイズの形で地球規模の帝国を築いてきた会社である。このネットワークに十万軒のレストランを持つことも可能だが、それでも、それぞれのレストランのオーナーは、自分のために働く起業家である。今日、マクドナルドは約二万四千軒のレストランを経営しているが、もしすべてが中央から細かに管理統制されているとしたら、どれだけ巨大で官僚的な組織を必要とするか、想像してみていただきたい。

昨年、一兆ドル以上の年商を上げた組織がある。これは、アメリカのジェネラルモーターズやジェネラルエレクトリックのような、産業界の巨大企業の六、七倍の売上高である。この会社はVISAというクレジットカードの会社で、VISAはネットワーク組織の完璧な例である。VISAは、何万というローカルの単位の集合体であり、地方の銀行、商店、ビジネスなどは、グローバルな巨大組織を作るべく互いにネットワークを結んでいる。これは新しい意味での「巨大さ」であり、今後ますます注目されるビジネス形態になるだろう。

社員三人の「多国籍企業」とは？

私は、「メガトレンド」という名の会社を経営している。この会社は、全世界の四十二カ国における、五十七のジョイントベンチャーを興している。しかし、私を含めてたった四人で運営している。ほとんどすべての仕事は、アウトソーシング（外注）ですませ、海外プロジェクトはすべて現地のビジネスパートナーとの親密な協力のもとで行っているのだ。

このような会社は、「多国籍」という言葉に全く新しい意味を与えている。私の会社は明らかに多国籍企業である。四十二カ国でビジネスをしているのだから、「多国」であることは間違いない。しかし、旧来の考え方でいう多国籍企業とは本質的に違う。われわれは、ニューヨークやロサンジェルスに本拠を置いているわけではなく、このグローバルな事業を、コロラドの山村から行っている。十五年ほど前に、私はテルライドという名のこの小さな山村に引っ越してきた。この村は、海抜三千メートルのところにあり、コロラドの南西部、ロッキー山脈中の壮麗なサンファン山脈の中にある。そこは、スキーをするには理想的なところだが、村自体は、ほんの通り五本分の幅しかなく、長さは一キロメートルぐらい。四千メートル級の山に三方を囲まれている。その村は、住んだり働いたり、また多国籍ネットワークビジネスを経営したりするには、絶好の場所だ。私は、ファックス、電話、コンピューターのモデム、フェデラルエクスプレスを使って、ロンドンか東京で仕事をしているような感覚で、世界中とコンタクトしている。ほんの十五年前、初めてそこに引っ越したときは、もちろんそんなに簡単ではなかった。初めて手に入れたファックスは、小さなトラックほどの大きさだったし、最大の問題は、ファックスを送る相手が見つからないということだった。そのときには、ほとんど誰もファックスを持っていなかった。しかし、いまや状況は完全に変わり、地理的な制約はもはや問題ではないし、会社の成功は従業員の数には関係なくなっている。

この種のビジネスは「本当」ではないと考える人がいる。彼らが知っている古きよき会社は、都心にオフィスを持ち、経営を行っているのだ。以前に、私がテルライドにいたときに、電話でインタビューしてきたジャーナリストが、次のように尋ねてきた。

「それでは、山に囲まれたあなたのバーチャルオフィスでは……」

と言いかけたので、私は笑いながらこう言ってさえぎらねばならなかった。

「ちょっと待ってください。バーチャルっていうのは、疑似とか、仮想というような意味でしょう。それは、この場合にはあてはまらないんですよ。ここは、実在している私のオフィスで、バーチャルでも何でもない」

バーチャルオフィスやバーチャルカンパニーのような表現を口にするとき、これは、まったくのところ、われわれがいまの世の中で起きているさまざまな新しい現象を、正確に表現する言葉を持っていないから使われるに過ぎない。いまのネットワーク経済は、これまでの経済と同じように「本物」であり、そしていままでのものよりもかなりパワフルでもある。擬似的なものでは決してないのだが、この経済を説明するための言葉すら、まだ現れていないと言えるだろう。

新しい「多国籍」企業の話を、もう一つ。山村の中で、私のとなりに住んでいる、リートとリンデというカップルは、「ウェスタンアイプレス」という名の会社を経営している。彼らは、豪華な写真集やガイドブックなどを出版しているのだが、それを家の地下室で作っている。マッキントッシュでレイアウトをつくり、高性能のレーザープリンターで版下用原稿をプリントアウトし、フェデラルエクスプレスでその原稿を韓国のソウルに送る。ソウルで高品質、低価格で本は印刷され、世界中の取次店に発送される。取次店は、リートとリンデが何年もかけて自分たちのネットワークに取り込み、熱心にケアしてきたビジネス相手である。ウェスタンアイプレスは、グローバル経済に積極的に参加している多国籍企業だが、コロラドの山に住むたった二人の人からなっている。

今日、このような方法でビジネスをしている人々は、何百万人もいる。彼らは、辺鄙な田舎からグローバルに事業を展開している。世界のビジネスの中で今もっとも成長が速いのは、インターネット上の個人の起業家である。コロラドで、このような人たちは、ローンイーグル（一人ぼっちのワシ）と呼ばれている。今日では十万人ものローンイーグルが、インターネット上でサービスや製品を売っている。広告費は、ワールドワイドウェブを利用しているため、ほとんどコストがかからない。流通システムにはＤＨＬやＵＰＳ、フェデラルエクスプレスなどを使っている。そして、支払は、その時々のコストだけで済む。固定費はほとんどないようなものだから、何百人もの従業員の給料を払うための資金を稼ぐ必要もない。東京だろうがテルライドだろうが、世界のどこにいても、電子取り引きとネットワーキングの時代には、一個人が多国籍企業になりうるのだ。

国家に取って代わるネットワークのすごさ

ビジネスにおいてだけでなく、「国家」というものをみても、大きいことだけが、成功したりグローバルに尊敬されるための必要条件ではなくなってきている。シンガポールが、そのよい例である。たった二百七十万人しか住んでいないこの小さな国が、世界中でもっとも繁栄している港と貿易センターを誇っている。シンガポールが、一九四六年にシンガポール航空を運行し始めたとき、人口は百九十万人に過ぎず、世界の他の国々からの顧客を引きつける魅力を持たずには成功できなかったはずだ。今日では、シンガポール航空は、世界でもっとも人気のある航空会社の一つである。そして、過去何十年もの間、もっとも業績のいい航空会社に数えられている。グローバル経済で力のあるプレイヤーになるためには、大会社である必要も、大国である必要もないのだ。

われわれは、また、ネットワークが多くの地域で、もっとも重要な経済ユニットとして、国家に取って代わろうとしていることを目にしている。華僑のネットワークが、その総計において世界第三の経済に匹敵することを、すでに見てきた。アメリカと日本に次いで、三番目の経済力を誇っているのだから、そのパワーはものすごい。

また、在外韓国人やインド人のネットワークもあれば、ビジネスネットワーク、医学ネットワーク、女性ネットワーク、NGOネットワークなど、無数に存在している。国境があいまいになるにつれて、国家はその重要性を失いつつあり、そして、このプロセスが進むにつれて、ネットワークはますます重要になるだろう。国家は、一部の評論家たちが主張しているようには、消えてしまうことはないだろう。存続し続けるのだが、それは主に、象徴的かつ精神的な意味合いをもった存在としてである。国家が、商業を牛耳る時代ではなくなった。経済の基本ユニットとして、ネットワークは急速に国家に取って代わろうとしている。

ネットワークにおいて、国籍はあまり重要ではなくなる。むしろ、ネットワークの推進力になるのは、共有できる関心や共通の目標である。そして、これらのネットワークを作る接着剤として価値を持ってくるのは、個人的な関係と信用である。もし四十二カ国で五十七のジョイントベンチャーに参加するなら、国籍や肌の色は成功するかどうかにはまったく関係ないといってもよい。この世界の多様性とさまざまな文化の多彩さを楽しむことはもちろんできるが、本当に大事なことは、パートナーがロシア人なのかフランス人なのかとか、それとも中国人やベトナム人なのか、ということではなく、才能があり、信用のおける協力相手となりうる人であるかどうかということだ。

ネットワークでは誰も皆主役になれる

強力なネットワークには、一つの大切な共通点がある。ネットワークの各部分が、それぞれあたかもネットワークの中心であるかのように機能しているという点だ。山のなかの家にいて、インターネットで世界中とメッセージのやり取りをしているとき、私は自分が世界の中心にいるような気持ちになるが、ネットサーフィンをし、ネット上のビジネスをしているすべての人々は同じような体験をしているはずである。誰もが中心になる、言い換えれば誰も皆主役になれるということは、ネットワーク経済のポジティブな面である。それは、誰にとってもとても強烈な経験だろう。十万人の従業員がいる会社を、あなたが経営しているとして、その中の一人ひとりが自分は中心にいて、皆主役であると感じさせることはできるのだろうか。これこそ、本当のエンパワーメントであり、大企業が取り組むべき大きな課題である。

ネットワーク経済でのビジネスのやり方を身につけるということは、楽器の演奏を学ぶことにも似ているような気がする。上達するには時間が必要であり、そして名手になるにはさらに長い時間がかかる。

驚くべき通信技術の発達により、毎日のように、想像もできなかったような新しい可能性の扉が開かれるが、この分野全体はまだ初歩的な段階にある。前に述べたように、通信分野における四つの「ビッグアイデア」のさらなる発展により、ネットワークビジネスは今後ますます簡単にできるようになるだろう。

今日、個人の成功の鍵となるのは、ネットワークで仕事をする能力である。いかに自分の国や海外のほかの起業家たちと協力するかが、大事なことなのだ。これをバーチャルカンパニーなどと呼ぶ人もいるかもしれないが、これは将来直面する本当の現実であり、想像上のものでもなければ、ただふりをしているようなものでもない。そこで創られる個人的な関係は、多くの多国籍企業の間で見られる正式なビジネスの関係よりも、もっと活発で人間的な温かさを持つようになるだろう。

ネットワークは、常に維持される必要がある。ネットワークの潜在能力を決めるのは、ビジネスネットワークで持っているノード（ネットワークに参加している個人や団体）の数と、ノード間の絆の強さである。そして、これによって、あなたがどれぐらいのパワーを発揮できるかが、決まってくる。

これからは、あるビジネスプロジェクトの中心にいることもあれば、他の人にリーダーのポジションを譲ることもある、という多面的な役割を持つようになっていくと思われるが、そのために、コミュニケーション能力がますます重要になっていくだろう。ネットワークにおける「リーダーシップ」とは、フレキシビリティと人間としてのスキルの問題であり、従順な従業員の集団にどれだけ強烈でどれだけ多くの指示を与えているかによるものではない。

協力と競争――グローバルビジネスの陰と陽

「競争」はこれまで、市場経済のキーワードとされてきた。グローバリゼーションによって競争は激化し、弱者は追いつめられるだろうという意見もある。一方、競争のようなものはもはや存在しなくなるだろうと主張する人もいる。すべての会社が自分に合ったニッチを選び、「オンリーワン」の方針によって経営する時代だというのだ。

私は、両方とも正しいと思う。ネットワーク経済では、価値観が同じ人々や会社との戦略的同盟や協力を打ち立てるだろうし、ある分野では競争が強まるかもしれないが、個人の間ではより協力関係が増えるだろう。

協力と競争はグローバルネットワークにおいて、いわば新しい陰と陽のようなものだ。ビジネスの状況に応じて、協力するときもあれば、競争するときもあったりする。これは現代のもう一つのパラドックスであり、ここでもポイントとなるのは、バランスという考え方である。競争がなければ進歩もあまりないが、協力がなければネットワークを作ったり、目標を達成したりすることは不可能である。

官僚的な大企業にいる人ならば、困難な時期に直面するだろう。大きいことがハンディキャップで、小回りがきくのが有利だということがしばしば起こるからだ。多くの会社が、いかに効果的な変身を遂げて、新しいネットワーク構造を作るかを考えなければならなくなるだろう。大企業の多くが生まれ変わらなければならないことははっきりしている。このような根本的な変化は決して簡単にできるものではないが、非常に有益なプロセスである。そして、ネットワーク構造への転換がうまくいったら、経営陣と従業員の双方にとって、プラスである。経営陣にとっては、全てを上から監視する必要性が減り、それに比例して心配事も減るだろうし、意欲のある優秀な従業員――パートナーと言ってもよいが――が増えるだろう。そして、一方の従業員、日本でいう「サラリーマン」や「ＯＬ」にとっては、自分が主役であるという感覚を楽しんだり、自己啓発したり、能力をフルに活用するという可能性が増すに違いない。

創造性と知識は新しい財産

経済において、物理学から生物学へとモデルや概念が移り変わろうとしていることに触れてきた。もう一つの根本的な転換は、「財産」や「富」という概念にみられる。財産の究極的な形を表すものは、かつては固体で目に見えるもの、特に貴金属や宝石だった。土地や建物は別の目に見える形の財産で、今日でも、多くの人が唯一の信頼できる財産の形として見なしている。日本の銀行は、土地や家のようなしっかりした財産がなければ資金の貸与をしないということで有名である。目に見える財産以外のものは、まったく認めようとしないのだ。

古き良き資本家時代には、資本家はなにがしかのモノを所有していた。土地、建物、生産用の機械類などである。それに対して、労働者は大した財産を持っておらず、生計を立てるのが精いっぱいだった。一生懸命働けば、事業を始める資金を貯めて、自分が資本家になれるかもしれないというわずかな夢を抱くことはできたが、当時は、有形の財産をどのくらい所有しているかによって、個人の権力と可能性がほぼ決まっていたのだ。

今日、状況は完全に異なっている。創造性と知識が財産の源となっている。最も富んでいる者や最も成功している起業家は、世襲の財産や天然資源を元手にしてビジネス帝国を築いたのではない。アメリカのコンピューター業界のリーダーをみるがいい。アップルの創立者やマイクロソフトのビル・ゲイツのような人々は、両親の車庫で豊富なアイデアだけを元手に事業を始めた、大学の落ちこぼれであることが多い。こういった人々が他と異なるのは、何よりも創造性と知識なのである。

資源、金、土地、株価は経済の風向きで上がったり下がったりする。しかし、知識と創造性という目に見えない資本は減ったりしない。それは実際のところ、過去に重んじられた目に見える資産よりも、当てにできる財産の源になっている。もちろん、この目に見えない財産は利益やお金を生み出すのに使われる。そのお金を使って、実際に目に見える製品、家、土地など何を買ってもいいのだ。しかし、明日の予測さえ難しいほどに、経済が急激に変化している状況下では、会社で情報資本をきちんと開発していないと目にみえる財産を蓄えていても、それをすぐに失ってしまうだろう。

人的資源は唯一の競争力

二十一世紀の経済において、唯一、競争力の決め手となるのは人材である。従業員とビジネスパートナーの質と能力によって、成功と失敗が決まってくる。過去に例をみないほど資本を得たり、新しいベンチャービジネスを始めるチャンスが増えている。しかし、この多種選択の世界で、自分と他の有望な人との差別化をはかるのは、組織の中で持っている知識の幅と創造性のみである。それ故に、人材を育てたり、自分自身を再教育し続けることが極めて大事なのである。また、日本のような国が教育システムを改革しなければならないのも、そこに理由がある。

もしも、自分自身や従業員の情報処理能力を磨き、創造性が豊かにわき出してくるような環境を整えているならば、すでに競争力を高める大きな一歩を踏んでいると言えよう。そして、株式市場の変動やいわゆる「経済危機」に左右されない貴重な財産を築きつつあるとも言える。従来の財産との決定的な違いは、この財産が、組織とそこで働く個人の間で分かち合えるということだ。情報、知識、創造性は、個々人の協力によって育まれるものであり、それぞれの財産となると同時に、会社や組織全体の知識資本を増やすことにもつながる。いままでは、資本家が富を独り占めしていた時代だったのに対して、今後はもっとも重要な富をシェアできる時代へと移り変わっている。

しかし、地球上のいたるところで、人や企業は同じように創造性を高めようと努力をしている。長期的な成功を望むなら、自分自身を含めた、自分の回りの人的資源を磨き続けなければならない。

いかに創造性を育むか

創造性を養成し、積極的に育むことは、教育の最重要課題の一つになりつつある。これは、子供のための基本教育でも企業内の研修でも同様である。最近、日本企業でさえも、創造性が必要だと認識し、ビジネスリーダーたちは次第に、このスキルを育てることが、特にアジアにおいて競争力を保つ唯一の方法だと気づきつつある。しかし、口にするだけでは育まれないのだ。どんなに企業が創造性は重要だと気がついても、教育システム全体が変わらなければ、実現はしないだろう。改革や新しい教育方法に変えようという掛け声はあるのだが、日本の学校制度は創造性を失わせ続けている。日本の学校制度が変わらなければ、それは、グローバルな場面で日本のビジネスにとって大きなハンディとなるだろう。

アメリカには三百人以上のノーベル賞受賞者がいるのに、日本にはたった五人ほどしかいない。このことは、よく知られている。おまけに、ノーベル賞を取った日本人のうち、数名は、アメリカや他の国で教育を受けている。創造性は、まねしたり買ったりできるものではない。創造性を高めるような環境——教育環境——がなければ育たないものである。日本の諺にあるような「出る杭は打たれる」精神のかわりに、創造性を認め、それに報いるような環境が必要なのだ。個々の会社は、自らに、こう問い掛けるべきだ。

「わが社は、創造性に報いるような環境になっているだろうか」

もし、答えがノーならば、環境を変えることが急務である。

創造性は、創造的マネジメントコースを履修したからといって、突然身につくようなものではない。大学で、「クリエイティビティの授業」を受けた学生が、「創造性で優をとった」と言っているのを考えてみてほしい。聞こえはいいかもしれないが、物事は、そう単純に動くのではない。創造性は、何年もかけて大事に育てなければならない能力なのである。

しばしば、成功よりも失敗から学ぶことが多いと言われている。しかし、失敗が許されなければ、人々はだんだん保守的になり、新しく刺激的な考え方にしり込みするようになる。この問題は、文化的な背景があるため、変えるには時間がかかるだろう。しかし、日本人が、新しい起業家ネットワーク経済で、価値あるパートナーとして認められようと思うならば、創造性を育てる環境をつくるように努力しなければならないことは間違いないはずだ。大会社が大金を持っているがために歓迎された時代は終わった。規律と忠誠心さえあれば、経済成長を支えることができた時代も幕を閉じようとしている。今では問題解決への新しい方法やアプローチを提供し、ユニークな製品を送り出しているがゆえに、小さい会社こそ歓迎されるのである。

もう一回、自然界から学びとれるものを考えてみよう。進化とは、間違いや失敗を繰り返し続けた結果、起こったものだということに、議論の余地はなかろう。このプロセスを経て、自然は創造性豊かな高次元の進化レベルにまで発展したのである。これは、驚嘆すべきプロセスだと思う。もし、失敗が自然界に許されなかったとしたら、われわれは皆、いまだに単細胞のアメーバのままだったろう。

地球ビジネスは地球意識を生み出すのか

いまや、経済はネットワークで結ばれた単一市場で動いている。インターネットが、国籍や国境に関わりなく、人と人とのコミュニケーションを可能にしている。そして、ビジネスにレジャーに、地球を旅行する人はどんどん増えている。地球規模の問題に対する関心や一種の「地球意識」が高まっているのではないかという疑問が当然沸いてくる。

このような地球意識の程度は、世代によってずいぶんと違いがある。若い人はその両親や祖父母よりもグローバルな関心や意識が高いだろう。

日本は、私にとって、アメリカ以外に旅行した初めての国であったが、その時、私はすでに三十九歳だった。それにひきかえ、私の子供たちは、二十歳になる前にすでに世界数カ所に旅行していた。

もちろん、旅行の機会やグローバルビジネスがつくりだした地球意識の高まりは、誰もが分かち合っているわけではない。世界のことに無関心な人はまだ多いし、経済的に恵まれない人々はこのグローバルな意識の形成に参加するチャンスを与えられていない。しかし、われわれは、まだスタートラインに立ったところに過ぎない。グローバル経済はまだゆりかごの中にいるようなものだ。グローバリゼーションを批判的に見る人は、これによる世界の二極化を懸念しているようだ。世界中を飛び歩く一部のグローバルエリート対貧しい人々の大群という図式である。貧しい人々にとって、「グローバル」という言葉は、祝福よりも呪いの言葉としてしか受け取られないと、彼らは考えているようだ。

しかし、私はこのように単純な「二者択一」的な世界にわれわれが生きているとは思っていない。今や、多くの選択肢がある時代なのであり、これまでに、さまざまな変化について述べてきたことは、一握りの金持ちの西洋人や日本人だけでなく、あらゆる人にとって、以前よりもはるかに可能性を広げていると言えよう。

貧困との戦いに勝つために

資本主義を批判する人は、そのシステムが完全に貪欲さに基づいていると言うかもしれない。しかし、市場経済の必要性を認めるなら、むしろ、アダム・スミスが言ったように、経済における選択は貪欲というよりは私欲に基づいていると言うべきだろう。

新しいグローバル経済の自由市場においても、私欲はもっとも強い動機付けとなる力である。地球意識が高まっていったとしても、世界の深刻な問題の多くを解決するためには、一部の人の慈善や慈愛的な精神に頼ってはいられない。五十年間にわたり、西側から発展途上国側への開発援助において、この精神は、ほとんど何の役にも立たなかった。開発援助で一番の恩恵を受けたのは、援助した側の国の設備、コンサルタント、スタッフなどを提供した業者だった。

二十一世紀初頭の経済チャレンジの中には、貧困の緩和が大きな意味をもっている。しかし、まず、認識すべきは、以前に比べると貧困にあえぐ人は相当に減っているということであろう。アジアを見ただけでも、その地域全体が貧困から経済繁栄へと向かっている。

中国では、何億人という人々の暮らし向きは著しく良くなってきている。そして、ここでの大事なポイントは、未だに貧困に悩んでいる人々を「われわれが救ってあげよう」という考え方の落とし穴である。富める国からの安易なヒューマニズムやらフィランソロピーで、本当の経済発展を引き起こした例はない。

これは、われわれが関心や思いやりを持たなくてもいいとか、フィランソロピーのようなものは役に立たないという意味ではない。そうではなく、経済繁栄への本当のうねりは、現地の人々自身によってしか、起こすことはできないということを言いたいのだ。富める国のわれわれができること、いや絶対にしなければならないことは、貧しい国が、経済発展をするチャンスを持てるようにすることである。そして、富める国が貧しい国にできる具体的なことの一つに、最新の通信システムを持てるように援助することがあげられる。これは、それほどコストのかかるインフラではないが、すばらしい効果をもたらす可能性を秘めている。通信インフラが整備されれば、人々は、自ら発展を興すチャンスに恵まれるのだ。

貧しい国にとって、経済発展戦略の第一段階は、まず一流の通信インフラを得ることなのだと思う。このプロセスを支援することは、富める国、富まざる国の両方にとって相互利益を生み出すに違いない。世界中の起業家達にビジネスチャンスの宝庫を開くことになるからである。また、起業家達が携わる経済活動のすべてをよりスピーディにするようにも働く。

起業家精神と自助が貧困からの脱却をもたらす

起業家精神と自助精神が、何よりも重要であることが、ここでもわかる。小事業を立ちあげるための小額のローンを提供することは、実に効果的な戦略であることが明らかになり、今では世界中にこのような活動が広がっている。反対に、ＯＤＡは発展途上国のなかでごく少数の、その貧しい国の中でもすでに裕福な人々の懐を肥やしてばかりいるようだ。

起業家精神をたたえ、規制撤廃と市場開放を進めなければならない。貧しい国では、保護主義をとることが多い。それは、保護したい生産物があるためだが、このやり方は、グローバル経済においては機能しない。アジアの近代化で見られたように、成長を促すもっとも効率的な方法は、外国の投資や起業家に対して、完全に国を開放することだ。

グローバル経済はとてもオープンであり、発展途上国のどこの国でも参加できる。アジア諸国はほんの数十年でどれだけ著しい変化が可能なのかを見事に示し、天然資源をほとんど持たない貧しい国でさえ、経済発展が可能なことを証明してきた。どの国も、広がりつつあるグローバル経済に参加するチャンスをもっている。

経済のパイは拡大し続ける

私欲の概念を、自分のみならず他の人々も含むように拡大しても、あるいは慈善主義が拡大しても、それほど役にたつとは思えないが、貧困を減らすのに間違いなく役立ちそうな別の「拡大」がある。それは、グローバル経済全体の〝パイ〟の拡大である。グローバル経済は年に三、四パーセントの率で成長しており、発展途上国では先進国よりもはるかに速いスピードで成長している。この経済パイの拡大は仕事、ビジネスチャンス、財産を新しく生み出している。そして、もう一度強調しておくが、これはゼロサムゲームではない。ある国が成長したからといって、他の国が損をするといったものではない。ネットワーク経済では、国家が経済に占める重要性は、ほとんどなくなってきているだけに、たとえば、マレーシアが堅調な経済成長をすれば、アフリカあたりのどこかの国が不景気になると考えるのは全くばかげたことだ。

たとえ、新しい経済のパイの拡大が、必ずしもフェアで、富の平等な分配を保証するものではないにしても、パイの拡大によって、チャンスが激増するような環境ができあがることは確かだ。そして、チャンスがありさえすれば、それをつかむことはできる。自分が利益を得たいとか、自分や家族を養いたいという、基本的な人間の欲望のために、チャンスをつかもうとする。

裕福さが、世界平和に貢献していることは間違いない。第二次世界大戦後、五十三年間というもの、金持ち国同士の間で、戦争は起こらなかったことに注目してほしい。貧困が緩和されれば、過去の紛争や民族不和、戦争を引き起こしてきた多くの要因もなくすことにつながるのである。だからこそ、私は貧困をなくす挑戦に大いに期待している。時間はかかるかもしれないが、貧困は、確実になくなる方向にある。そして、その方向性は、われわれすべてにとって、より暮らしやすく安全な世界を作っていくことにつながっていくのだ。

地球環境のチャレンジをどう受けとめるべきか

地球意識と関連するもう一つの事柄に、環境問題がある。『メガトレンド二〇〇〇』（邦題『二〇〇〇（トウェンティハンドレッド）』）で述べたように、冷戦が終わって、以前には考えられなかったような地球規模の協力が可能になってきた。そして、世界の目は環境に向けられるようになった。超大国は、貧困の撲滅や環境問題への取り組みに際し、イデオロギーとは無関係な解決方法を見つけるために協力できるようになったし、政治指導者は、環境への関心の高さを競うようにして示そうとしてきた。

過去の例では、マーガレット・サッチャーのような保守派の政治家でさえも、環境保護主義で知られる「緑の党」の党員かと思うほどだったし、今日では、アメリカ合衆国の副大統領であるアル・ゴアは、環境大臣と呼んでもいいぐらいの熱心さを示している。

環境保護主義者たちは、経済のパイは永遠に拡大し続けることはできないと主張するかもしれない。彼らによれば、われわれは資源が限られている有限な世界に生きているというう。しかし、歴史はこのような主張を覆す。今日、地球で採取されている資源のすべてが供給過剰であり、それは情報化経済の到来によってもたらされた現状であると同時に、新しい先進技術による傾向でもある。

銅がその好例である。銅を使い尽くしてしまうという警告は、山のようにあった。銅は、電話線に最もよく使われていた資源であった。しかし、やがて光ファイバーが発明されたのだ。興味深いことに、光ファイバーは、銅の電話線よりも情報量が多く、生産するのにたった十分の一のエネルギーしか必要としない。このように技術の発展によって、生産過程で必要なエネルギーを大幅に減らすことができる。

情報をベースとする新しいバイオ経済において、旧来の天然資源の重要性は減っていく。必要な場合には、リサイクルしたり再利用したりすることで、より少ないものでより多くのことができるようになるのだ。

エコノミーとエコロジーのバランス

今後数十年、経済の発展と環境への配慮との間で、バランスがとられるだろう。そして、このバランスは、国や場所やその時々によって異なってくる。たとえば、フランスを例に考えてみよう。失業率が十パーセントを超えるフランスでは、十中八九、環境保護よりも雇用と経済発展を選ぶに違いない。多くの失業者を抱えていては、ほかの選択は難しい。

しかし、このような雇用優先の国においても、経済発展とクリーンな技術は、環境問題を克服することに役立つようになる。地球上で最悪の汚染者は旧ソ連と東欧諸国だった。彼らは、環境問題の対応策を考える余裕もなく、まず経済と技術レベルの向上に努めざるを得なかったが、結果として、環境対策も可能になるのだ。

先進国のわれわれが、途上国の人々に向かって次のような主張をしても、それは当然納得するに値しないものである。「ごらんなさい。先進国のわれわれはこんなに環境をめちゃくちゃにしてしまいました。環境を回復させるために、途上国の皆さんは、経済発展を抑制する他ないですよ」と。発展途上国がこのような主張にそっぽを向くことは当たり前のことである。西洋人が環境について説教したり、偉そうなことを言うのを、アジア人は殊のほか嫌っている。西洋人が説教するのは、実に侮辱的だ。先進国の人々が、「あなたたちには、環境問題に適切に対応する能力はないだろう」と途上国に言い放っているようなものだ。しかし、実際はというと、私がアジアを訪れるとき、環境への関心が西洋の場合よりもはるかに高まっていることを痛感することも少なくない。

環境分野におけるシナリオの一つは、こうである。「中国人が皆、車を持つようになったら、どうなるのだろうか？　三家族に一台だとしても、いったいどうなる？　化石燃料を使って地球を破壊するに違いない」。何と公平な考え方だろう!?　そういうならば、次のような提案をしたらどうだろう。「アジアか中国で車が一台増えるたびに、欧米と日本では一台なくす。そうすれば、車の数は一定に保たれる」と。どれくらいの人がこの提案を受け入れるだろうか。ほとんど皆無のはずだ。

しかし、私は、環境問題のほとんどは、技術によって解決されていくと考えている。環境へのグローバルな関心が高まることによって、さまざまな技術開発が盛んになってきた。最近では、効率的な電気自動車やハイブリッドカーの市場化が見られるし、太陽エネルギーの利用も現実のものになりつつある。太陽電池は太陽光を直接電気に変えることができ、汚染ゼロのエネルギー源を約束している。

文明の歴史をひもとけば、問題が起こり、それを解決するために技術が発展するという特徴が見られる。これは将来の環境問題においても変わらぬ原則であろう。

日本は世界に誇れるリーダーシップをとれるのか？

もう一度、世界における日本の今後の役割を考えてみよう。貧困との戦いや環境問題に悩んでいる世界の姿をみると、実はここに日本が真のリーダーシップを発揮できる可能性が潜んでいるような気がする。世界中の通信インフラの整備にせよ、環境技術にせよ、日本は技術開発のレベルがたいへんに高く、大いに貢献できるだろう。もし日本がグローバル市民になりたいのなら、こういった問題にもっと積極的に取り組むべきである。特に、貧しい国への必要な技術の移転をすれば、彼らの経済発展を加速することができよう。あるいは、世界のさまざまな地域での環境修復の支援も考えられる。

しかし、日本がアジア中で批判されることの一つに、重要技術の移転をしぶることがある。日本は技術移転に消極的だった。日本人は海外に工場を作り、数多くのジョイントベンチャーに参加してきたが、基本的な技術の移転はほとんど行われなかった。しかし、ここに日本の新しいリーダーシップのチャンスがある。日本が惜しみなく技術移転をするようになれば、世界でもっと尊敬される存在になれるに違いない。頼まれたからするという技術移転でなく、積極的に自発的にそうするのだ。これは日本にとっての大きなチャンスだけでなく、国際政治の舞台での日本の評判がよくなるばかりか、日本のビジネスにとっても有利な政策であるはずだ。

透明度が高く、情報が簡単に地球をめぐる今の世界では、どちらにしても技術の知識や情報を隠すことはほぼ不可能といってよいだろう。この技術の知識を積極的に世界と分かち合った方が望ましい。そうすれば、この新しい開かれた態度によって、高く評価され、褒め称えられるというボーナスをもらえるに違いない。

新しい経済を確立する——主役はあなた自身だ

これまで見てきたように、経済を再構築するというチャレンジは実際、相当膨大な課題であり、一夜にしてできるものではない。目の前の世界がどう動いているのかを記述するための基本的な用語さえ、まだ検討中といったところで、経済は、理論としても、実践としても、その模索が始まったばかりというところである。

誰もが、この新経済においてどのように考えたり働いたりするかを学ばなければならない。そして、すべての人にとって、新しい現実に慣れるには、いささか時間がかかるだろう。短期間で慣れてしまう人もいれば、もっと長くかかる人もいるだろう。大事なのは、あなたの心構えなのだ。新しいアイデアへの寛容さ、学ぼうとする好奇心や新しいビジネスのやり方になじもうとする意欲が、何よりも必要とされる。

従来の工業社会やそこから生まれた資本主義を超えていくにつれ、世界はますます多様化し、ますます多彩なものになっていく。ビジネスにとっては、さまざまな新しい戦略やアプローチが可能となったチャンスの時代である。新しい経済では、ある意味で誰もが「キャピタリスト」（資本主義者）であり、今でも市場経済の原則でもって行動する。しかし、今日の混乱した状態の中から、新しいアイデア、新しいやり方、より優れた理論がやがて現れてくるだろう。すぐにというわけにはいかない。新しい経済のグローバルな複雑さと相互作用を考えれば、経済を構築する新たな方法が出てくるには、数十年かかるのではなかろうか。工業化時代の資本主義を超越しようとする動きは始まったばかりだ。そして、この変化の過程の一番の担い手は、あなた自身なのである。

第二章　メガチャレンジ　その2
政治と民主主義の再生

政治の今後の役割、特に欧米式民主主義の役割は劇的に変わろうとしている。経済の世界と同様に、政治の世界も転換期にさしかかっている。工業化時代に国家の枠組みの中で作られた統治のしくみは、情報化経済のグローバル化した世界の現実に適合していないところも多く、今や、見直しを迫られている。

「市民」や「国民」、英語でいう「シティズン」という政治の中核的な概念そのものも国家の重要性が減じるにつれて、再定義されている。今日、われわれの関心の多くは、地球規模のグローバルなものか、実際に住んでいる身近なローカルなもののどちらかに寄せられる場合が多い。その中間に存在する「国家」は徐々に関心の的からはずれつつある。

しかし、「地球市民」としてどのように政治的に活動するかはまだはっきりしない。極度にローカルなことと、極度にグローバルなことの両方を取り扱うのに適切な政治システムはどんなものなのだろう。これらの問いは、一部の政治家にまかせられるような問題ではない。二十一世紀には、新しい民主システムや政治システムに、一人ひとりが参画する機会が増えるだろう。技術革新と新しいタイプのリーダーシップを求める人々の要求により、根本的に政治の世界を変革するのは間違いなさそうだ。そして、経済分野でもみられたように、小は力なりである。自分の意見を主張し、政治をあなたの日常生活や身近な関心事に近づける大きなチャンスが、新しいミレニアムにはある。

民主主義は成功したのか、それとも失敗したのか

政治の世界でもパラドックスが多いことは、もはや驚きに値しないことだろう。冷戦の終結が、資本主義を経済パワーゲームの「勝者」にしたように、西洋式の代表制民主主義は、社会主義を打ち破り、最終勝利を得たと言える。しかし、民主主義が世界各地に広がり、その成功の頂点に達したところで、代表制民主主義は、すでに時代遅れになっているようにも見える。日本を含む世界中の国で、今日行われている民主主義に対して、うんざりしたり無関心でいる人は多い。かなりの国で、投票する気すらない人が増えている。日本では選挙ごとに最低投票率が記録される有り様である。民主主義という統治システムは、世界中で多くの人が理想とする仕組みでありながらも、すでに時代遅れに悩まされている。現在の政治制度が二十一世紀に入って、果たしていつまで保たれるのか、定かではない。

私は、民主主義の信奉者であり、冷戦終結後、地球上の人々は、自由で民主的な世界から大きな利益を得てきたと信じている。今日では、頑固な専制主義が、ほんの少し残って

いるだけである。北朝鮮、キューバ、ビルマが有名であるが、民主主義がこれらの独裁政権の呰に到達するのは、時間の問題にすぎない。独裁者という生き物は、いまや絶滅寸前の種となった。そしてこれは、絶滅したら拍手喝采の祝福を受けるという、極めてまれな種である。

すでに、世界の新たな透明性について述べてきたが、この透明性が、専制主義の存続を不可能にしているのだ。昔、独裁者は情報をコントロールすることによって、国民を操作することができた。圧政や迫害の最もひどいケースは、国際社会からは隠されるか、少なくとも情報の伝達が遅かったり正確でなかったりしたため、他の国々が反応したとしても遅すぎるのが常だった。

しかし、今日では、これまで述べてきたように通信手段が発達し、情報はもはやコントロールできなくなっている。これは、人々をコントロールしたり、押さえつけたりできないことをも意味している。もし残虐行為がなされたら、あっというまに全世界の知るところとなり、即座に加害者に圧力がかけられる。ロシア軍隊が数年前にチェチェンに侵攻したとき、チェチェンはすぐにインターネットで発信し、全世界がそれを知った。

たとえば、南米を例にとってみよう。この大陸は、かつて専制主義の天国のようなところであった。ほとんどの国が、軍事政権か狂信的な将軍によって支配されていたのだ。しかし今となっては、南米のほぼすべての国は民主主義になり、目を見張る経済発展を遂げている国もいくつかある。

今日の世界では、独裁者は絶滅か、少なくとも失業の危機に瀕しており、独裁政治は完全に消え去りつつある。一般の人々の力は著しく増大しており、多くの場所では、民主主義が当然のことと考えられるようになった。

民主主義は広がっているが、世界のあちこちで、西洋の正統主義のようなものが、摩擦を引き起こしている。西洋の民主主義を押し進める一部の熱心な改革運動者は、民主主義というものは、ある決まったやり方、つまり、西洋の先進諸国で定められたやり方でしかうまくいかないと、主張している。しかし、アジアや世界各地を訪れると、現地の人々がこう言っているのを耳にすることがよくある。

「なぜ西洋人は、われわれの政治システムがどうあるべきかに口出しするのですか？　われわれは、そんなものを受け入れません。自分達で、民主主義を実行する最適な形態と方法を決めていくのですから」と。

われわれの多種選択の世界では、民主主義を営む方法も色々あって当然だ。日本式民主主義もあれば、マレーシア式、中国式もあるだろう。そのうち、ビルマ式さえできるに違いない。

重要なことは、個々の国での民主主義の形態ではない。本当に大事なことは、民主主義の中核となる考え方、つまり言論や集会の自由、投票して統治者を選ぶ権利などが、全世界で受け入れられているということだ。民主主義には、世界中の人々に好まれる普遍的な魅力があるように思う。次の世紀には、文化によって多少異なる政治システムが世界のそれぞれの国で存在するようになるだろうが、民主主義の基本原理が大きく問われることはないだろうと思う。

従って、今日の最重要課題は、民主主義の実践や運営をどうするかということである。どのようにしたら人々を巻き込む政治システム、言い換えれば、一般市民の希望をよりよく反映する仕組みをつくることができるだろうか。選挙の日にわざわざ出かけて、投票用紙に記入するシステムしかないのだろうか。

このチャレンジに向き合うには、まず、何が本当の問題で、何がそうでないかを見分けることが必要なのである。先進諸国の多くでは、政治家が投票者数の低下に頭を悩ませている。一九九六年の秋に行われた日本の総選挙は、記録史上最低の投票者数の一つに数えられた。そして、政治評論家も一般大衆も、なぜ政治はこれほど人気がなくなったのかと、問いかけるようになった。しかし、投票者数が少ないからといって、必ずしも、人々が現在の政治システムに強い不満を抱いているとは限らない。逆に、日々の生活にそれほど不満を持っていないことを示しているのかもしれない。あるいは、人々は、投票しようとしまいと、変わりはないと思っていることの現われかもしれない。

アメリカで、そして今の日本でもおそらく同じだろうが、誰が大統領かとか、誰が首相かということは、ほとんど問題ではない。今日の世界を動かしているのは経済の引力であり、国のトップが誰で、何とか大臣が誰かなどということは、あえて言えばどうでもいいことである。

日本では、保守系の政党の連合と、その他の小さい党がいくつかあるが、現状では、新風を吹き込むような党は見あたらない。自民党党首だろうが、民主党党首だろうが、自由党党首だろうが、誰が首相になっても、基本的に、日本の人々の生活や日本経済の状況にとって、大差はない。首相官邸の郵便受けの名前が違っていたら、山一証券の倒産や、一九九七年から九八年にかけての金融不安が、避けられていたのだろうか？　そんなはずはなかろう。

アメリカの場合、ビル・クリントンは、民主党の政策を遂行しているのか、共和党の政策を遂行しているのか、判断に苦しむほどである。もっとも、どちらも実行していないのかもしれないが。イギリスの状況に目を向けると、これまた驚きである。新しい労働党の首相であるトニー・ブレアは、保守党政権だったサッチャー以上に、サッチャーのような政策をとっているではないか。しかし、彼の政策は、労働者の党としての思想に裏打ちされたものではなく、現実の経済に対応するものとして、打ち出されている。

冷戦時代には、かなりはっきりしたイデオロギーによるガイドラインがあり、明確に分けられた政治的なポジショニングが行われていた。投票者は、張り合っている二つの政府システムから選び取ることができたし、保守陣営と社会主義陣営にくっきりと二分されていた。二つの異なる経済システムの間の選択があったのだ。しかし、今日では違う名前の政治グループは生き残っているかもしれないが、異なる政党間の実質的な差異はほとんどない。日本では、他の工業国のほとんどと同じように、政党に加盟する人は急激に減少している。これは、政治変化の当然の帰結といえよう。

先述のように、政治に無関心な人が多いことは事実だが、これが必ずしも、システムが病んでいる現れであると断言はできない。むしろ、全世界を取りまく大きなトレンドを、反映していると言えよう。つまり、国家の占めるウエィトと同様に、政治の重要性もグローバル化している経済の中で、弱まってきているのである。

政治の時代の終焉

世界は、政府によって運営される経済から、市場によって運営される経済へと大きく変わりつつある。そして経済の影響力は、今日では政治の影響力より圧倒的に大きい。当然、政治家はこの事実を絶対に認めたがらないが、社会を形づくる原動力に目を向けるなら、政治が、社会や経済に対して、影響力をほとんど失ってしまったことは明らかである。イデオロギーは無意味といってよいし、政治家が実施しようとするさまざまな経済政策が、望ましい結果を出さなくなってきたことは、目に見えて分かる。

国際関係は、政治のリーダーたちにとって、かつては重要で名誉ある分野でもあったが、もはや、国際関係の構築や維持は外交に頼らなくなった。国際舞台でのアジェンダを決めるのは、経済のグローバル化である。

国際関係はかつて国境を越えて互いに持ち得る唯一の関係であったため、重要性も非常に高かった。国際貿易は一九七〇年代までは、どの国でもGDPのほんの少しの割合しか占めていなかったが、今では、大幅に増えており、無数の関係やネットワークが国境を超えて構築されている。G7のような、世界の首脳が集まるサミットは、写真撮影や社交イベント以外の何物でもない。世界の運命が、決してそこで決まるわけではない。

われわれは政治の終焉に直面しているといっても、過言ではない。少なくとも、議会制が十九世紀にできてから、ずっと慣れ親しんできた政治の形態が終わろうとしているという意味では、確かなことである。

過去数年間で起きた、いくつかの注目すべきケースからもうかがえるように、グローバルな金融市場では、たった一人のトレーダーの力が、勢揃いした国家政府の力よりも強い場合がある。ベアリングス銀行は、歴史も古く、格式あるイギリスの銀行であったが、シンガポールからのデリバティブの取り引きで、たった一人のトレーダーがしでかしたことによって、大きな痛手を受け、倒産に追い込まれた。また、マレーシアの通貨危機は、一九九七年の秋に起こったが、その時、マハティール首相は激怒し、攻撃を始めた。その矢面に立った相手は、他の国の政府や国際機関ではなく、一人の個人であった。その名は、ジョージ・ソロス、アメリカの投資家である。一九九七年十一月の韓国経済に起こった突然の混乱は、グローバル化した経済において、政治家の持つ力がどれほど小さいかを、痛々しいほどにはっきりと示した。そして、一九九七年末に、銀行や証券会社が次々と廃業、倒産していく中で、日本の大蔵大臣ができたことといえば、記者会見で、国民に向かって同じせりふを繰り返すことだけだった。

「落ち着いてください。政府がきちんと対処しますので大丈夫です」

実際には、政府には対処する力などなかった。経済の力が推し進める変化の波を食いとめることのできる政治的手段はなかったのだ。そして、最終的に政府によって次々に喧伝された「経済政策」は、経済には微々たるインパクトしか与えなかった。

金で政治は買えるか

アメリカでは、票が金で買われることを心配する人が多いが、金で買われるような票は、重要性が低く、表面的な問題をめぐる票でしかない。人々は、非常に重要だと感じる政治的な問題、あるいは文化に深く関わる問題になると、そう簡単に動かされるものでない。

たとえば、アメリカで果てしなく続く中絶に関する論争を、例にとってみよう。これは多くの人にとって、大切な問題である。道徳や心と関連する、深い意味を持つことなのだ。

この場合、アメリカの国庫の半分を、たとえ中絶賛成キャンペーンのために使ったとしても、ほとんど誰の気持ちも変えることはできないだろう。何百万ドルという資金が、この種のキャンペーンに使われているが、ほとんど票には影響していない。中絶賛成あるいは反対の気持ちは、深く人々の心に根づいているもので、テレビコマーシャルをどれほど流しても、彼らが大事に思っている価値観を変えることはできない。金が票を動かすことができるのは、その問題が表面的で、さほど重要と思われない場合にのみである。

歯磨きの例で説明すると分かりやすい。テレビコマーシャルは歯磨きをやめるようにわれわれを説得することはできない。歯を磨くという行動は、深く身にしみついた習慣だからだ。しかし、毎日歯を磨くことを決めたら、どの歯磨き粉を使うかという表面的な選択は、コマーシャルによって影響されることがある。

選挙で当選するかどうかを考えると、テレビコマーシャルとキャンペーンにお金をかければかけるほど、議席を手に入れるチャンスが増えるというのは、本当かもしれない。しかし、ここにも大きなパラドックスが隠れている。議会や内閣や政府に誰がいようと、もはや大した違いがないわけである。人々の生活や福祉に大きな影響を与えるのは、政治や、誰が議員に選ばれているかではなく、経済なのである。今日、地方で、議員を選ぶときに重要な関心事は、その議員は地域に経済発展やインフラ整備のプロジェクトをもたらしてくれるだろうか、ということだ。これが注目されていることであって、政治や思想的なことは、ほとんど重んじられていない。アメリカの議員は、地元の選挙民の使い走りをしたり、世話を焼いたりするのに、政治活動の大半の時間を費やしている。日本の代議士たちもおそらく同じようなものだろう。議員たちがこのような行動をとるのは、たった一つの目的のためである。再選されるということだ。元米国下院議長のティップ・オニールは、「政治はすべてローカルなものだ」と明言していた。選挙民からの要請や嘆願にいかに答えるかということで、すべてが決まる。これが、今日の政治の実態なのである。

数年前に行われた東京都と大阪府の知事選挙で、もはや金が票を動かすものではないということが明らかになった。また、「政治的な考慮」と普通呼ばれるようなものも、ほとんど影響しないことも、非常に特徴的だった。青島氏が東京都知事に選ばれたが、彼はキャンペーンに、たった二千八百ドルかそこらしか使わず、大規模なキャンペーンに時間と金を費やすよりも、家で読書をするほうを選んだので、世界中で有名になった。彼の選挙戦でのライバルは、何十億円もキャンペーンに費やしたが、この巨額の資金は、選挙で勝つための役には立たなかったようだ。同じことが、横山ノック氏が当選した大阪府知事の選挙で起こった。これは、非常に興味深く、こっけいとさえ言える選挙結果だったが、当然のことながら日本の政治体制を揺るがした。そして、日本の政党支配の終焉を告げる合図のようにもみえる。私は、この国をたずねるたびに、人々が政党にうんざりしているという印象を受ける。

政府はいち早くビジネスから手を引け!

政治的な支配力が世界を動かすという時代は、国内においても、国際舞台においても終わりを迎えている。したがって、ビジネスの世界で、政府や政治家がとれる最善の策は、ビジネスをコントロールするということではなく、むしろビジネスから手を引くということである。政治家が、経済に影響を与えたり管理したりできるという幻想を抱いている限り、厄介なことは続くだろう。どんな政治家も、今日の経済に存在する何十億もの要因を正確に把握し、効果的に扱える能力を持っていないし、ものごとを修正しようとすればするほど、状況は悪化するばかりである。政府がビジネスから手を引き、経済における自己組織化を許さなければ、経済不況に陥ったとき、なかなか立ち直ることは難しい。特に、日本のように、規則でがんじがらめになった経済においては、よけいにその傾向が強い。

日本は、金融ビッグバンを一九九八年四月から始めて、二〇〇一年には完成すると言っているが、日本が断固とした行動を示すまで、世界は日本がほんとうに経済の規制撤廃にふみきるとは信じないだろう。政府の特別な産業分野へのサポートや護送船団方式は、過去においては日本の役に立っていたが、今ではそれが最大の足かせになっている。省庁再編などに代表される、最近の日本の改革案を見ると、私は、「タイタニック号でデッキチェアを並べ替える」という古い決まり文句を思い出す。デッキの椅子をいくら並べ替えても、船は沈み続ける。政府が商売への干渉をやめない限り、沈没はさけられないだろう。必要なのは、規制の調整や改革ではなく、規制を捨て去ることである。会社、起業家、個人のそれぞれが、どうすべきかを決めなければならない。そして、彼らは自分で、経済的な決定をする自由を持たなければならない。さもなければ、経済の健康状態は回復に向かいそうにない。何百万人という個人が、それぞれ自由にビジネス上の決定をしていくことにより、日本経済の復興が図られる。繰り返すが、政府は、いち早くビジネスから撤退すべきなのである。

次々と滅びる政権は、なぜ倒されるのか

今日、市民は、「愚かな大衆」というような存在ではない。実際、歴史上でも例を見ないほど、彼らは情報に通じている。そして、意識しているかどうかは別にして、世界中の国の投票者は、現在の政治システムは何かがおかしいと感じている。多くの人々にとって、いったい何が問題なのかを、的確に指摘することは難しいだろうが、過去五年間を通じて世界各地の選挙の結果は、新民主制や新しいリーダーシップの形が求められていることを、物語っているようだ。

われわれは、現政権が選挙で支持されない例を、いやというほど目にしてきた。イギリス、フランス、スペイン、ギリシャ、トルコ、パキスタンなど、世界中ほとんどの国で、かつての政権はドミノのように倒れてしまった。極端な例としては、一九九四年のカナダでの選挙で、進歩保守党がほとんど全滅したことがあげられる。選挙前、その党は、カナダ議会に百五十四議席を持っていたのに、選挙後にはたった二議席になってしまった。百五十四議席から二議席への後退は、選挙史上まれに見る大敗北であった。イギリスでは、

トニー・ブレアが率いる労働党が、一九九七年の総選挙で地滑り的な勝利を得て、十八年間にわたる保守政権は終わりを告げた。フランスでは、やはり一九九七年に、政権強化をねらった保守政権の要求によって予想外の選挙が行われたが、結果として、社会党を先頭とする野党に恥ずべき敗北を喫してしまった。政治評論家の多くが、社会党をほとんど見限っていたにも関わらず、である。もちろん、一九九四年の夏の選挙で起こった、三十八年間も政権を握ってきた日本の自民党の凋落も、この動きの一例と言えよう。日本さえも、新しいリーダーシップを求め始めたのだ。一九九四年の新連立政権の蜜月は、ごく短期間で終わってしまい、新しい政治への日本人の模索は、今もなお続いている。

人々は、いったいどんな民主制やリーダーシップを欲しているのだろうか。彼らは、自分でもそれを明確にわかってはいないかもしれないが、現在の制度で満足できないことだけは感じている。そこで、目の前にある手近な代替案をとるのだ。

フランスで、社会党が保守党に勝った理由は、イデオロギーとはほとんど関係がない。そしてこの勝利が、社会主義の突然の復活を裏付けるような前触れでないことも確かだ。フランス人が、高い失業率をもたらしている不景気の中で、保守党のリーダーシップに満足しなかったというだけのことに過ぎない。選挙民が社会党を選んだのは、社会党が、現政権に替わる唯一の代替案だったからに過ぎない。

人々は、冷戦時代よりもずっと自由に、実験したり、新しいことを試みたり、旧来の政府を見放したりするようになった。現政権が次々に解散する傾向は、今後も続きそうだ。なぜなら、われわれはみな、政治と民主主義の再生というチャレンジに取り組もうとし、思想に関連することよりも、生活に直結した事柄に、より強い関心を持つようになったからである。

新民主主義を創造する

おもしろいことに、これまで述べてきた「政治の終焉」は、技術の進歩とあいまって、真の民主制の実現を可能にしそうである。市民による統治が現実的なものとして考えられてきているが、その勢いはかつてないほどの高まりを見せている。政治家が社会や経済を管理する力を失うにつれて、市民が自らコントロールをとる。つまり、以前よりも、自分の運命を決めるようになってきているわけである。この個人の自由化というトレンドは、封建制度を廃止してから、ずっと進行してきており、現在でもなお続いている。従って、従来の政治が終わるのは、恐れるべき変化ではないし、止められるような動きでもない。

旧来の政治体制が終わることは、むしろ、よりよい、市民のニーズに合わせてカスタマイズされ、分権化された民主制が生まれる新時代の夜明けとして歓迎すべきだ。このプロセスは、まだ始まったばかりであり、今後さらに前進させるためには、色々な建設的な実験をしていかなければならない。

新しい民主制への要求をあおり、また実際にそれを可能にする、いくつかの社会的・技術的背景がある。ここでは、個人の持つ力の大いなる拡大と、通信技術の重要な役割の二つに焦点を合わせ、新民主主義への模索をさらに突き詰めていきたい。

「個人の解放」は、政治に何をもたらすのか

二十世紀末に共通する大きな特徴の一つは、私が、「個人の解放」や「個人の勝利」と呼んでいるトレンドである。個人は、二十世紀の大半、全体主義や独裁支配に脅されてきたが、今や、前代未聞の自由と可能性に恵まれていると言える。そして個人は、テクノロジーの発達と独裁政権の終結によって、力強く新しいミレニアムのメガチャレンジに、立ち向かうことが可能になった。

一九九〇年代は、このような個人の解放に特徴づけられている。個人が、社会の基盤であり、社会変化の基本単位である、という新しい位置づけを持つようになった。しかし、これは「自己本位」タイプの個人主義、つまり、個人の望みを満足させるために、グループやコミュニティの幸せを犠牲にするようなものとは違う。もっと、責任感と倫理観の強

い個人主義である。これは、われわれ一人ひとりが、環境保護や貧困の撲滅や地球の病との戦いに責任があるというように、個人の責任をグローバルなレベルにまで引き上げて考えるものである。新しい個人主義は、このようにコミュニティを重要視している。そして、それはローカルコミュニティから、グローバルコミュニティのレベルにいたるまでのことである。同時に、新しい個人主義は、個人のエネルギーと個人の選択がどれだけ大切であるかを認めている。芸術、ビジネス、科学など、どんな分野においても、人々が持っている達成欲求が満たされるとき、社会全体としても得するのだ。そして個人が、中央政府の指導にしばられることなく、本当の意味で選択の自由を持てるようになった時、前向きで創造的なエネルギーが大量に解き放たれるのである。

今の世界にはオプションがあふれ、一人ひとりがかなり幅広い選択肢を享受している。車を買うにも、宅配ピザを選ぶにも、ビジネスパートナーを探すにも、精神的な達成感やそれを得る方法においてさえも、多くの選択肢がある。これは、政治活動においても同様である。かつて、政治的な主張をする方法としては、政党への入党、つまり大組織への加盟以外にはありえなかった。しかし、今日では、創造性と工夫の才がありさえすれば、資本がなくても、自分のネットワークを作ることができる。いまや、活動家になるには、何百もの違った方法と場がある。投票が、政治活動をするための唯一の方法というわけではなくなったのだ。

個人の解放の結果、新しい民主主義のさまざまな試みが行われるようになったのは、ごく自然なことである。実際、民主政治のプロセスは、すでに様変わりしてしまった。人々は多くの場合、政治を無視して、上からの指示を待つことなく、自分たちで選択をするようになっている。先進国における投票率が低いからといって、社会の動きや生活の質の向上に、人々は関心を持っていないというわけでは決してないのだ。単に、政治家が問題を解決してくれるという期待を持たなくなっただけであり、いまでは人々は、市民活動、ネットワーク、起業家精神などによって、コントロールされる側から、自分たちでコントロールをする側へと、役割が変わってきている。これこそ、「民衆による民衆のための統治」、つまり本当の「民主」主義の姿だが、政治学の理論に当然あまり適合しない現象である。ここでも、まさに従来の理論やモデルで、現代社会の人々が実際にとる行動が、説明しきれないという今の時代の特徴がみられている。

テクノロジーの民主化

技術の進歩は、世界中の政治システムに、大きな影響を与えてきた。先述の通り、通信革命は、専制政治をほとんど不可能なものにしてしまい、ソ連の崩壊において大きな役割を果たし、冷戦の終結につながっていったのである。一九四〇年にジョージ・オーウェルは、あの有名な小説『一九八四年』を世に出したが、その中で、巨大権力を持つ政府が市民一人ひとりの行動を監視し、管理するという、高度技術社会を予想している。テクノロジーは、既存の権力エリートにより大きな力を与える要因、つまり技術の進歩が集権化に結びつく力であり、政治力を分散する力ではないと考えられた。しかしながら、過去二十年間を見れば、全く正反対のことが世界で起こっている。コンピューターと通信技術は、一部の人々の力を増すことにはならなかった。コンピューターと通信技術によって、国家権力は弱まり、個人の力が多いに強化されたというほうが確かだろう。権力は分散化され、情報のコントロールよりは、情報の透明性のほうが、高度技術時代の大きな特徴になっている。

大型コンピューターからパソコンへの移行は、この技術の民主化と分権化を象徴している。コンピューターは、かつて巨大で高価な怪物であり、大手企業のみが使うことができた。大型のオフコンは、持ち運びが難しく、分権化には向かなかった。コンピューターを、旅行中にひざ（ラップ）の上（トップ）で使うなど、絶対に不可能なことだった。

一九八〇年代に、大型コンピューターの天下は、パーソナルコンピューターの出現によって、劇的な終わりを迎えた。小さくて持ち運びができ、ネットワークや旅行に適していて使いやすく、誰でも買える（そのうえ、大型コンピューターと同じくらいの性能を持つ）パソコンは、ビジネスや社会を全体として民主化と分権化する大きな力となった。しかし、残念ながら、それにも関わらずほとんどの国の政府体制は、いまだにパソコンというよりは、オフコンのように機能しているようだ。巨大で複雑な構造を持った、重く官僚的な政府が、世界のあちこちにあるが、無駄遣いが多く、ユーザーにとって、はなはだ使いにくいのが特徴である。

あらゆる分野において、ハイテクというものは過去、大きな資本を必要とし、エリートや中央政府機関のみが使うことができるものだった。今日では、ハイテクは安価になり、個人でも大量の情報を扱い、処理することが可能になったし、また世界に簡単にアクセスできる。

技術が、自由化、民主化の推進力として働いているのは、通信とコンピューターの分野に限ったことではない。エネルギー分野においても、太陽電池のような新技術やハイテク風車は、本質的に民主的なものである。市民は誰でも、屋根の上に太陽電池を設置したり、私有地に風車を作ったりして、自前の発電所を持つことができるし、地域のコミュニティのメンバーで共有することも、可能になっている。

エネルギー源の選択でさえも、個人の手に渡されつつある。エネルギー供給はもはや、政府の完全なコントロール下にあるものではなくなった。この分野においても、主導権をとるチャンスを持っているのは、一人ひとりの市民なのだ。これからの十年間に起こりそうな大きな変化の一つは、このようなエネルギー生産の分権化であろう。

代表民主制から直接民主制への転換はすでに始まっている

個人の力が強まったことと、技術の進歩と民主化によって、民主政治は自ずと、より直接的なものへ変身し始めている。現在の議会制は、「代表制」の原則に基づいている。投票者は、ある一定の年数の間、自分の利益を代表してくれそうな議員を選ぶために、定期的に投票所へ行く。

このシステムは、過去には合理的に機能していた。しかし、今日の世界にはもはや合わなくなってしまった。というのは、われわれは利益を「代表する」人を、全く必要としなくなったからだ。政治家同様、時にはそれ以上に、市民は世界の状況を把握し、リアルタイムですべての新しい情報を入手することができるのだから。政治的な問題に関心のある人は、四年に一度の投票時前後だけでなく、当然のことながら、日々、政治問題を気にかけている。現在の民主制による「代表」システムは、もはや必要とされていない。政治問題に関心がある人は、自分でしっかりとした決断を下すことができるし、意見を主張する機会を、今よりも多く持ちたいと願っているのではないだろうか。

技術的には、もっと頻繁に直接選挙ができる方式に移行することは、十分可能である。すべての市民がパーソナルテレコンピューターを持つようになっていけば、重要事項についての定期的な国民投票によるシステムを、技術的に管理するのはさほど難しくない。将来は、電話線や送電線につなぐ必要もなくなり、携帯用テレコンピューターを使って、人里離れた山のキャンプ場にいながらにして、国や世界の重要事項に関して投票することができるようになるのだ。

直接民主制への移行によって、自分の本当に関心ある事柄への影響力も、大幅に増えることになる。もちろん同時にそれは、投票しないという選択肢も与えてくれる。四年に一度しか投票が行われないと、政治評論家は、政治システムの健全度のバロメーターとして、投票率に注目しがちだが、投票が床屋に行くぐらい頻繁になったら、投票率はさほど重要ではなくなるだろう。議題上の問題について興味や関心を持っている人は、投票する選択をするだろうし、関心の薄い人は、投票しないという選択をするかもしれない。そして、ほかにある幾多の方法で、政治活動をすることを選ぶことができるのだ。

広がる国民投票は、民主政治再生へのツール

頻繁なコンピューター投票による完全直接民主制が行われるには、かなりの時間がかかるのは間違いない。しかし、途中のステップとして、近年、投票システムとしての国民投票の爆発的伸びが見られる。国民投票は、百五十年前にスイスで考案されたものである。議会が決をとるのをためらうような問題があったときに、誰かが、選挙民の意見を直接聞

けばいいという素晴らしいアイデアを出した。これが最初の国民投票だった。そして今や、スイスはこの小規模な直接民主制で有名になっている。

今日、国民投票は世界中で人気が広がっている。特にアメリカで国民投票はたいへん盛んになり、今ではどこの州でも、論議されている州の立法上の問題に関して、直接投票が頻繁に行われている。カリフォルニアはこの分野では、もっとも進んだ州の一つである。協議事項が二十項目もあって、一つひとつに投票するということもある。これは、今までの市民の政治参加の度合いとは、根本的に異なる。国民投票は、個人に力と責任の両方を与える。そして、もし積極的な政治市民になりたければ、コミュニティの開発に深く関与し、コミットメントしなければならない。一握りの選ばれた政治家が、何を協議するかを決めていくのではなく、市民から協議事項が提案されることも多くなってきている。市民一人ひとりが、ある意味で政治家であると同時に、投票者でもある。これは、民主制と市民活動の全く新しいコンセプトであり、「市民」や「国民」の定義までをも変えてしまう動きである。

私はいつも、唯一この地球上でスイス以上に直接民主制が盛んな場所として、自分が住んでいるコロラド州テルライドをあげている。火曜日にはたいてい、何かの問題について投票が行われる。テルライドはちっぽけな村で、ほんの七百人の有権者がいるだけだが、町議会が扱うほとんどの問題が、われわれの生活に直接影響を与えるものなのだ。テルライドでは、どんな問題も投票のネタとなる。たとえば、グレートフル・デッドというバンドのロックコンサートをするかどうか、といったことまで。町議会が決定しかねるような問題があれば、議会はそれを住民に委ねる。この種の地方の直接投票はアメリカではよく見られる。そして、このようなシステムと、国全体の国民投票との間には、ほんのわずかな差があるだけだ。

国民投票によって、人々はこのように本当に関心のあることに、頻繁に投票できるようになる。人々がどう投票するかを決めるのは、もはや思想的な関心や党の利益ではない。国家を含めた旧来の中央集権的構造が分解していくにつれて、人々の生活に直結した日常的な問題が、政治課題となる。抽象的なことや学術的なことでなく、たとえば地方税といったような手近な問題について投票するのだ。アメリカでは、税金関連の直接投票は多く見られる。学校や病院の資金調達をするために、売上税を〇・五パーセント引き上げるべきかどうかということに関して、直接投票が行われるのはよくあることだ。あるいは、アメリカの多くの都市が、スポーツ競技場や新しい美術館を作るための債券を発行すべきかどうかについて、直接有権者に問いかけるのだ。これらの問題は、人々の関心度が非常に高く、当然のことながら、投票率が高い場合も多い。

国民投票がどんなに一般的になっても、私は、市民一人ひとりが全ての問題について投票するという、完全な直接民主制に向かっているとは思わない。しばらくの間、どの問題を国民投票に委ね、どの問題を議会制度の中で引き続き検討するかという、政治体制の整理をしなければならないのである。

「国民」や「市民」の新たな位置づけ

新しい直接民主制において、「市民」や「国民」（英語でいうシティズン）は、いったいどんな意味あいをもつのだろう。市民権は、かつて「国家」に強く結びついていた。しかし、国家に対する絶対的な忠誠心はいま消えつつある。中間に存在する「国家」の役割が薄れ、人々は次第に、ローカルとグローバルのことに関心をもつようになってきている。つまり市民は、ローカル（自分の住んでいる身近な場所）と、グローバル（地球全体）の両極端を、同時に生きるようになっている。私個人について言えば、地球人であると同時に、テルライドという名の小さな山村の住人としても、主に行動したり考えたりしている。もちろん、私はアメリカという国で起こっていることにも関心はあるが、本当の興味や行動、つまり、私のオペレーションシステムは、ほとんどいつも、グローバルかローカルのどちらかのモードで動いている。

もちろん、市民権という問題を考えるとき、文化の差がかなりあることを認識しておかねばならない。国家の重要性や象徴的な重みは、日米でずいぶんと違っている。また、世代間のギャップもある。世界中を旅行し、グローバルなベンチャービジネスに参加する若い世代よりも、昔の世代にとって、国家の重要性が高いのは間違いない。

グローバルかつローカルな世界で、責任ある市民であるためには、バランス感覚が重要である。個人や家族への関心と、コミュニティの利益との間のバランスをうまくとる必要がある。このコミュニティとは、ローカルなコミュニティと、より大きな意味でのグローバルなコミュニティである。

個人の解放は、決してコミュニティの消滅をもたらすものではないはずである。むしろ、個人が思想的な束縛から解放されると、コミュニティを築くのに、大いに貢献できるようになる。コミュニティとはまさに、「個人の自由な集まりの場」なのである。コミュニティでは隠れる場所はなく、誰が全体のために貢献し、誰が何も貢献していないかということは、一目瞭然である。市民の責任と役割がこれによって大きく変わるに違いない。これは、ビジネスや政治活動の一環として作られるグローバルなネットワークにおいても、同様である。これらのネットワークは、共通の目標に向かって活動する個人の自由な集まりという「コミュニティ」である。このネットワークコミュニティにおいて、全体に貢献すれば、あなたは責任ある「ネット民（ネチズン）」であり、何も貢献しなければ、事実上、ネットワークコミュニティの一員ではない。このように、世界のグローバル化と個人の自由化は、決してコミュニティの崩壊をもたらすものではない。むしろ、逆である。実際、コミュニティの復活と、より身近で直接的な民主制が可能になってきたのは、世界が地理的にも、そしてチャンスの爆発的増大という点でも、開かれてきたからに他ならない。

新しいリーダーシップの探求

新時代には、新しいタイプのリーダーも必要となる。政治の再生を考えると、リーダーシップは、もっとも重要なキーワードの一つとなるだろう。今日の世界における変化や、不確実性、氾濫する技術への関心が高まる中で、新しいリーダーシップが求められている。模範となるリーダー、基本的な価値観、新しい道徳が模索されているのである。

これまで、リーダーシップは職務上の地位によることが多かった。政治家であるからリーダーだとか、会社の社長であるからリーダーだというように、肩書きによって「リーダー」かどうかが識別されていた。リーダーの多くはいままで、「命令と管理」によって指導力を発揮し、多くの組織で、これは今もなお続いているパターンである。

しかし、世界中の人々が求めている新しいリーダーシップは、根本的に異なっている。真のリーダーシップは、与えられるようなものではない。それは勝ち得なければならないのだ。人々を導くのに必要な、しっかりとした倫理的な基盤を、心の中に作らなければならない。人々が、かつてないほど多くの選択肢を与えられ、それを享受している世界においては、信用できないリーダーや、あまり好きになれない指導者についていくことは、もはや強制されない。より多くの人が、リーダーシップを求めているなか、その要求水準も高くなっている。私は、誰が大統領だろうと、首相だろうとたいして違いはないと主張したが、それでも、われわれは自分のリーダーに好感を持ちたいと思うものである。リーダーと称する人の道徳心や人格を見て、好感情を持てなければ、彼らに指導されたくもないのは、言うまでもない。

新しいタイプの政治指導者の好例として、チェコの大統領、ヴァシュラック・ハーヴェルがあげられる。彼は、偉大な徳を備えた人物で、人々の良心に訴える力があり、素晴らしく前向きな姿勢をもっている。大統領として、彼は法的な権限を持っていないが、それでもリーダーとして非常にパワフルなのだ。ハーヴェルは、リーダーとしての名声を徐々に博していった。その名声は、相続や金や社会的な関係のおかげで得たものでもない。素晴らしい詩人で劇作家でもあったハーヴェルは、共産主義時代のとき、社会評論家として活躍していた。共産党によって、二十八年間も刑務所暮らしをさせられたにも関わらず、決して自分の尊厳を失わなかった。彼が持っていた唯一の力は、倫理的な説得と人徳であった。しかし、これは実際のところ、今日、もっとも強力なリーダーシップの形態である。
チェコスロバキアが二つの共和国、チェコとスロバキアに平和的に分離したとき、彼は辞任した。分離に反対していたからである。しかし、その後、議会は彼に戻るように頼み、全員一致で新しくできたチェコ共和国の大統領になることを要請した。ハーヴェルは、この提案を受け入れ、それから世界中で高い尊敬を受ける政治家となっていった。このようなリーダー、つまり、筋を通し、健全な倫理観をもった高潔なリーダーを持つことを、人々が好ましく思っているのは言うまでもない。

新しいリーダーのもう一つの例として、マリー・ロビンソンもあげられよう。彼女は、アイルランドの前大統領で、現在は国連人権高等弁務官に就任している。彼女が、アイルランドで八年前に大統領に立候補した時、政治評論家は、全く見向きもしなかった。全くの無名であったこの女性が、どうやって、アイルランド最高の公的ポストの選挙に勝てるだろうか、と思われていた。彼女は、人間味と温かみのある、私に言わせれば「ハイタッチ」の選挙キャンペーンを行い、アイルランドの小さな村のほとんどすべてを訪れ、人々が本当に関心を持っている事柄について、オープンに話し合った。

伝統的なカトリックの国として、アイルランドは中絶や離婚といった問題には、極端なほど保守的であった。実は、アイルランドでは、一九九七年に初めて離婚が成立したほどである！　避妊やもちろん中絶に関するどんな話題も、このアイルランドではタブーだった。しかし、マリー・ロビンソンはキャンペーンでこれらの話題を避けなかった。彼女は、こういったことが人々にとって重要だと認識していたので、論争を起こしたり政治的にダメージを被るかもしれない問題を避けるかわりに、アイルランドの人々と、この難しい問題に関して会話を続けるという形で、正面から向き合った。彼女が持っていた唯一の力は、道徳観念と高い倫理基準だった。この姿勢と、自分達の生活に心から関心を寄せてくれたと人々が感じたことがあいまって、彼女は、アイルランドでもっとも輝かしい選挙の勝利を勝ち取った。マリー・ロビンソンはアイルランド初の女性大統領だったが、彼女が大きな成功を収めたおかげで、後に続いた四人の候補者はすべて女性だった。そして、現在のアイルランド大統領は、同じく女性のマリー・マッカリースである。

「ファシリテーター」としてのリーダー

自己組織化によって特徴づけられる世界で、どうすれば効果的なリーダーになれるだろうか。この問いに対する答えは明らかであるが、政治家やビジネスリーダーには無視されることが多い。答えは、こうである。

「命令と管理にのみ従っていては、真のリーダーになれない。経済も人も情報も、もはやコントロールできる時代ではない。ものごとを上から監視し直そうとすればするほど、状況は悪化する。人々の自己管理を許さなければならないのである」

今日のリーダーができる最良のことは、触媒のような役目を果たす、いわゆる「ファシリテーター」になることである。ファシリテーターとは、チームのコーチやオーケストラの指揮者のような役割を果たすリーダーである。今日のファシリテーターとしてのリーダーのもっとも重要な仕事は、人々が働いたり、自分のスキルを伸ばしたりするのに最適な環境を作り出すことである。

私は、よく雑誌の編集を例にとってみる。どんな雑誌も、記事を書くライターの出来次第である。しかし、ライターによい記事を書くように、命令することは当然できない。大事なのは、ライターがベストコンディションで仕事できるような環境を作ることだ。創造性を助長し、ライターが個人的な成長や責任を感じるような環境である。これは、旧来の命令を下す人と、下される人がいるような仕事の環境とは大きく異なっている。リーダーは、ライターの仕事の細かい部分にいちいち口出しをしない。むしろ、ライターたちが自分の潜在能力をフルに引き出して使えるように計らう。

ファシリテーター役に徹することは、古いタイプのトップダウン式リーダーシップよりはたいへんなのかもしれない。コントロールをあきらめなければならないし、第一に人々を信頼しなければならない。指導者としての地位を正当な手段で勝ち得ることなく、リーダーになった人々は、コントロールを失うことを極度に恐れているかもしれない。自分の部下がきちんと「指導」されずに動くことを恐れている。

しかし、ビジネスでも、政治の世界でも、われわれはこの新しいファシリテーター型のリーダーシップを必要としているのは明らかである。ファシリテーターは、自分がリードする人たちに、細かくどのように働けばよいのかを指示するのではなく、むしろ、彼らが効率的に自己組織化する能力を高めようとする。これは、たいへん効果的で、大いなるパワーを発揮できるリーダーシップに違いない。

人徳、信頼、人間大――真のリーダーシップの三つの特質

前述のように、人徳と信頼はこのように、ニューリーダーの二つの基本的な特質である。本当の権威、つまり、短期間、人の頭や手を動かすだけでなく、その心までをも動かす能力とは、地位によって生まれるものではなく、時間をかけて身につけなければならないものである。自分で作り、育てなければならないスキルなのだ。リーダーの地位に就いたら、その部下や従業員が、自分たちで物事を決める能力を持っていることをまず信じなければならない。そして、最善のリーダー策とは、彼らがそれぞれの力を発揮できるような環境を作ることだ。信頼とは、双方向に働くものである。あなたが人々を信頼すれば、彼らもあなたを信じる。逆に、リーダーが部下を信頼しなければ、部下もリーダーを信頼しない。双方の信頼によって築き上げられた強い絆は、組織の強靭さと柔軟さを強める。

三つ目のリーダーシップの重要な特質は、「人間大」――ヒューマン・スケールである。工業化時代に見られた最大の過ちの一つは、人間大のものさしを脇においてしまったこと

である。すべてが大きく、速く、効率的でなければならなかった。そして、そのプロセスで、労働者は、組織の中の一歯車でしかなくなってしまった。しかし、工業化時代は、歴史の全体を見るならば、ほんの瞬き程度の期間でしかない。私たちはすでに工業化時代を超えてしまい、人間大の考え方が再び現れつつある。

私は、モルモン教の発祥地であるユタ州で生まれ育った。モルモン教の創立者、ブリガム・ヤングが、一八四七年に開拓者の一団といっしょにソルトレイクバレーに着いた時、彼が最初に決めたことは、教会、あるいは、教徒が集まる「区」一つ当たりでは、成人男女と子供合わせて三百人を超えてはならないということだった。これは、およそ百二十人の大人という計算になる。誰もがお互いを知っており、誰もがお互いのニーズを把握し、そしてお互いの世話をすることができる大きさである。

われわれはいま、モルモン教徒でなくても、このような「人間大」の規模に戻らなければならない。工業化時代には、これが一時的に忘れられていたかもしれないが、今、われわれはそれに戻ろうとしている。

ビジネスにおける人間大の興味深い例に、ゴアテックスという会社がある。これは巨大な多国籍企業で、毎年何十億ドルもの売り上げを上げている。しかし、この会社は決して工場を二百人以上の規模にはしない。二百人を超えるようなら、新しい工場を作ってしまう。最高で二百人しかいない工場では、誰もが互いをよく知っている。小規模であることは人々に親密さを感じさせ、個性のない巨大な工場でよく経験する、多くの心配ごとや空虚感を取り除いてくれる。誰もが互いを知っている時、強いチームワークとコミットメントと個人の責任が生まれてくる。ゴアテックスの工場では、正式な管理組織はない。仕事の内容によって、違うリーダーが自然に出てくる。たとえば、エンジニアリングの問題があれば、ジョーにリーダーシップを求め、マーケティングならボブのところへ行き、あるいは運送関係の問題であれば、また別の人がリーダーシップをとる。正式なマネージャーはいないが、創立者のビル・ゴア曰く、「いつでもリーダーを見分けることはできる。ついてくる人、フォロワーがいる人がリーダーなのだ」と。

将来、われわれは五千人とか三万人の規模の工場から、小さくてより効率的で人間的な生産ユニットへと移っていくだろう。大型組織を持たなければならない会社の場合は、以前紹介したＡＢＢ（アセア・ブラウン・ボヴェリ）のやり方に学ぶべきだろう。会社を小さなユニットに分割し、それらをネットワークで密に結ぶ。こうして、人間大の規模という考え方を再導入し、同時により競争力のある組織を築くのである。

ハイタッチ・リーダーシップとは何か

上記のように、人徳、信頼、人間大に基づいているリーダーシップを、私は「ハイタッチ・リーダーシップ」と呼んでいる。これは、われわれが過去に見てきたリーダーシップの、硬直した機械的なスタイルと比べると、はるかに人間的で有機的なリーダーシップスタイルである。

政治において、また、民主主義の再生において、もっとも重要な問題の一つは、ハイテクな世界に生きる政治家が、この種のハイタッチリーダーシップを身につけ、発揮することができるかどうかである。人間大の考え方を社会に再導入することは、コミュニティの役割とも密接に関係している。新たな投票の方法や、本当の意味で人々を巻き込み、コミュニティで抱いている関心ごとに直結した政治活動を模索するうえの、一つの大切なキーワードである。われわれはこれをすべて可能にするハイテクを持っているが、ハイタッチなしでは、新しい政治制度を作るのは困難を極めるだろう。

政治の再生は長期戦

国民投票や市民投票という政治手段の普及と、新技術が秘めている大きな可能性を活かして、われわれは、新政治制度そのものを作り直す最初の一歩を踏み出しつつある。しかし、私は、これが一夜にしてできるとは思っていない。このメガチャレンジは、長期戦を覚悟すべきものであり、これから、多くのことを実験的にやりながら進むしかない。

人々は社会制度にしがみつく傾向がある。たとえば、イギリスの君主制がよい例だ。役にたたず、コストのかかるものなのに、人々はそれを廃止しようとしない。アメリカの議会制度も同様である。私は、ずっとアメリカ議会がさほど重要ではないと主張してきたが、だからといって議会が廃止されるとは思えない。政治の仕組みは、変化に対する抵抗力が非常に強く、変わるには時間がかかる。それは、コストパフォーマンスとか、実際の処理能力がどうかということより、象徴的で文化的な意味あいが強いからであろう。

今までの政治や民主主義は少しずつ進化し、そして、このゆっくりとした過程においてわれわれは、一人ひとりの市民の本当のニーズや希望を反映しながらも、ローカルやグローバルコミュニティを犠牲にしない新制度を、いかに作るかを考え出さなければならない。史上初の民衆による統治を実現させる政治制度の立ち上げは、明らかにその同じ民衆の参加がポイントとなる。新しいミレニアムで直面する他のメガチャレンジと同様、これはわれわれ全員が取り組むべき課題であり、挑戦である。

第三章　メガチャレンジ　その3
文化とアイデンティティの再考

これまで、世界中の多くの人々にとって、文化的アイデンティティ、価値観、伝統というものは、「国家」の枠組みの中で考えられていた。そして、多くの人々にとって、「文化」や「アイデンティティ」に関する問題は極めて大切なことであり、精神の奥深いところにつながった、象徴的あるいは偶像的といってよいほどの重要性を持っているものである。人々の文化的な遺産や基本的な価値観と思われるものをいじくろうとしたら、強い反発を受けることが多い。防御的な時もあれば、攻撃的な時もあるが、いずれにしても、必死に自分の文化を守ろうとするのが一般的だろう。

グローバルな世界で、文化的アイデンティティや伝統は、いったいどう変わっていくのだろうか。これは、実に好奇心をそそる問いである。かつてのような権力と経済的な重要性を失いつつある国家、飛行機やインターネットを使って頻繁に旅行する若者たち、「バーチャルリアリティ」や「サイバースペース」と呼ばれるものを生み出したコンピューター技術。このようなさまざまな現象がみられる中で、個人や集団のアイデンティティは、どのように位置づけされていくのだろうか。

日本においても、グローバル化がローカルな文化を破壊するのでは、と懸念する人は多い。最大の心配は、世界全体がアメリカナイズされるということのようだ。若者がみなジーンズをはき、ハンバーガーを食べ、プリンスやマイケル・ジャクソンの音楽を聴くようになったら、時を経て受け継がれてきた日本の伝統的価値観はどうなってしまうのか。特に年配の人たちは、このように心配する。もちろん、心配してもかまわない。私は、決して文化やアイデンティティの将来を考えて、悲観的になる必要があるとは、思っていないが、世界中で起こっている急激な変化によって、この極めて重要な問題も再考せざるを得ないことは当然である。それに、いつの時代にも、若い世代の道徳の退廃を憂えるのは、古い世代のごく自然な行動であると言ってよいだろう。それ自体は、取りたてて目新しいことではない。

本当に目新しいのは、世界が拡大しているということだ。地理的にも、人々に与えられる選択の幅という意味においても、世界は拡大してきている。太古の原始文化に生きていたころ、価値観や伝統といった文化的アイデンティティは、部族のものに他ならなかった。

誰も「ナショナル」とか「グローバル」な問題を考えることはなかった。また、幾層かの異なるアイデンティティを持つことができるなどということも、考える必要はなかった。こういった問題は、太古の部族社会に生きていた人々にとっては、存在しなかったのである。

しかし、今日では、お好み次第で、同時に複数のアイデンティティを持つこともできるし、かわるがわる別のアイデンティティを持つこともできる。トライバル(部族)、ナショナル、グローバル、その他の選択も自由である。国家は何百年も存在してきたため、われわれは、「国民」や「国籍」としてのアイデンティティを第一に考え、この枠組みは、文化的アイデンティティを語る時、もっともよく使われるものである。しかしながら、「国際主義」や「国際化」がまず社会現象となり、そして最近では、「グローバリズム」というものが出てきた。技術の進歩や経済における世界の単一市場への動きがあったために、はじめて真の意味で「グローバル」になることが可能になったのだ。たった一日のうちに、世界の多くの場所で作られたものを、食べたり飲んだりすることもありうる。フランス製のスーツを着て、(マレーシアで中国人によって組み立てられた)ドイツ製の車に乗り、日本製のコンピューターで仕事をして、北欧の椅子にかけて、アメリカ製のペンでものを書いているかもしれない。しかし、われわれがかつてないほどグローバルになったのは、決して食べるものや身の回りで使うものというレベルだけではない。昔の世代の人々に比べると、旅行する人もずっと増えているし、現代人は国境を越えたコミュニケーションを、実に簡単にできるようになった。まるで、隣の家に電話をするのと同じような感覚で、世界中と通信することが可能となった。インターネットを使って、地球上のほとんどすべての国における個人、会社、シンクタンク、政府機関、データベースなどに、アクセスすることができる。ここ数年の間に、爆発的ともいうべき世界の拡大が見られている。

　多くの人は、文化やアイデンティティについての質問を受けると、いまでもまずは「国籍」や「国」と関連ある答えが返ってくるが、国はもはやアイデンティティを特徴づける唯一の枠組みではない。主権国家から成り立つ世界において、伝統とアイデンティティは明らかに、二者択一的なものである。日本人であるか、そうでないか、この選択しかありえない。伝統や社会の不文律に従うか、さもなければ、その国の集団の正規メンバーでなくなるか。これは、もちろん日本のように集団主義の文化に特に強い考え方だが、決して日本に限った現象ではない。

　世界のどこでも、ナショナリズムは二者択一を迫ることを特徴としてきた。しかし、世界全体が、経済のグローバリゼーションという強力なエンジンによって、大きく変わってきているなか、二者択一から多種選択へと移行している。そして、もっとも重要な経済ユニットは、国家からネットワークへと移っている。二十一世紀にわれわれが直面する第三の大きなチャレンジは、この文化的アイデンティティの根本的な問題を、建設的かつバランスのとれた方法で扱うことである。このチャレンジへの対応が巧みであればあるほど、外国の権力や価値観に服従させられているとか、文化がグローバル化によって破壊されているなどと感じる人も少なくなり、平和な世界を作る可能性が増してくるだろう。

「地球文化」は存在するか

グローバルなライフスタイルは、地球上の人々を結びつけている。若者たちをはじめとして、新しい普遍的なライフスタイルが生まれており、世界の主要都市は、外観上ほとんど違いはなさそうに見える。

二十世紀後半には、本当のグローバルビジネスブランドが誕生した。ソニー、コカコーラ、ＩＢＭ、トヨタ、ネッスル、マクドナルドなどの世界企業である。どこの国に住んでいる消費者でも、これらのブランドは知っている。

コンピューター、そして、とりわけインターネットにおいて、英語が唯一の地球言語となりつつあることも明らかである。英語を母国語とする人の数は、中国語のそれには劣るが、世界中の人々が英語を第二言語として学んでおり、最低でも英語の基礎知識を持たなければ、グローバルビジネスを効果的に行うのは難しい。

一見したところ、世界は、巨大多国籍企業や強い経済力と文化力を誇る数カ国に独占される、均一的で単調な「地球文化」の方向へと向かっているように思えるかもしれない。しかし、幸いなことに、このようなことがいま起こっているわけではない。表面的に見えている社会現象の奥にあるものを目を凝らして見れば、グローバルな均一化という意味での地球文化は、今後も決して存在しないことがわかる。

文化の融合、それとも文化の分裂？

イギリスの詩人、ラドヤード・キップリングは、およそ一世紀前にこのように書いている。

「ああ、東は東で、西は西。二つは決して出会いはせぬ」

キップリングは、東洋人と西洋人の間の倫理観や生活観が、大きく異なっていることを強調しているのだが、彼は、正しくもあり、間違ってもいる。

東洋が、西洋のさまざまな文化や習慣を取り入れてきたことに、疑問の余地はない。そのなかでも、市場経済が、もっとも著しい変化をもたらしたものだろう。しかし、逆の方向、東から西への文化的影響も確かにある。グローバル経済の舞台において、アジアが徐々に重要な役を演じるようになったことのごく自然な結果として、アジアの文化も西洋に大きな影響を与えるようになった。二十一世紀には、経済引力の中心がアジアへと移行していく中で、この影響力は劇的に強まるだろう。

カリフォルニアでは、日本の寿司バーは、東京にあるアメリカのマクドナルドと同じぐらいの人気度を誇っている。アメリカ人の子供は忍者映画を見たり、日本式の「漫画」を読んだりする。中国や日本の映画監督は近年、西洋で絶賛されている。マレーシアの映画スターであるミッシェル・ヨーは、一九九七年に、ジェームズ・ボンドの映画「トゥモロー・ネバー・ダイ」で主演したとき、アメリカ中の何千もの広告にその姿を現した。

多くの場合、このようにアジア文化から取り入れた要素は、アメリカやヨーロッパの文化に合わせて、その姿を変えている。その結果、完全なアジア風でなく、東洋と西洋の異文化融合の様相を呈している。決して出会いはせぬと言われていた二つの文化は、実際に出会い、さまざまな形で融合していっている。それが、われわれのすべてにとって、多彩で刺激的な文化の世界を作り出している。この世界では、アメリカの製品やアイデアだけでなく、すべての大陸からのさまざまな文化が響き合いながら、交換されたり入り交じったりしている。

しかし、「出会い」を、もしも「均一になる」というふうに捉えるなら、東西あるいは南北が決して出会わないと言ったキップリングは、正しかった。文化の融合の例が数多く見られる一方で、固有の文化的アイデンティティを捜し求める人も増えている。本書の最初の方で述べたとおり、われわれは千の国からなる世界へと移行しつつあり、約五千の異なる言語集団のそれぞれが、承認されたいと願い、そして以前よりも自らメッセージを発信する可能性も高まってきている。

グローバリゼーションの批判者は、グローバルなライフスタイルや消費財が、自動的に、ローカルな文化を破壊してしまうと主張するが、そんなことはない。実際、逆のことが起きているのだ。表面的に見える文化の融合が多ければ多いほど、もっと深いレベルで文化の分裂の度合いも大きい。日本は、アメリカ大衆文化を熱心に取り入れてきた国であるが、その日本人でさえ、「西洋化」を、ある程度以上には望んでいないのは明らかである。一九九七年十二月十五日号のニューズウイークで、日本の大蔵省の官僚が次のように語っている。

「外から見ると、日本はマクドナルドに支配されているようですが、日本人は、心の奥底では、アメリカ人と大きく違っています。私たちは、常に日本人としてのアイデンティティを求め続けているのです」

これは、まさに私が何年もの間、世界中を調査したり旅行したりして経験してきたことだ。世界中に普及するものは、表面的なもの、たとえば、ハンバーガーやジーンズやポピュラー音楽やコカコーラやウォークマンといったものである。しかし、本当に大切なこと、つまり言語、文化、通貨(文化的重要性を大いに持っている)、宗教などになると、人々は溶け合って一つになることはありそうにない。むしろ、グローバルとローカルの出会いは、世界中の人々に自分の文化的アイデンティティを見直し、しばしばそのアイデンティティを強化するように働くのである。

「地球主義」と「部族主義」の共存共栄？

見かけ上のライフスタイルに、それほど大きな違いがなくなってくるにつれて、この流れに反発する動きが現れているのは、間違いない。たとえば、均一化への反動、固有の文化と言語の独自性の主張、あるいは外国の影響を拒絶することさえ、しばしば起こっている。こういった動きは、過去数年間にわたり、いくつものケースで見られてきた。ケベックはフランス語圏のカナダの州だが、一九九七年の国民投票では、もう少しで独立賛成の票が、反対票を上回るところだった。スコットランド人は、一九九七年に自分達の議会を作って、イギリス政府からの自治権獲得のために投票を行った。フランスが、仏語の純粋さを保つために、外国語の影響を食い止めようとしていることは、つとに知られている。CD―ROMのような、最近のコンピューター用語でさえ、フランス語を「汚染」するものだとして、それを避けようと必死に活動する人がいる。CD―ROMはフランス語風に、「CeDe―Reum」（セ・デ・ロゥム）と発音しなければいけないとのお達しが下された。

さらに、韓国のような国をみてみよう。韓国は、五千年以上前から存在している国だが、その経済成長のおかげで、世界中の経済と互いにつながるようになってきたのは、ほんの最近のことである。そして、それにつれて、韓国人が、そのアイデンティティをいくらか失いつつあるのではないかという懸念が、いろいろと出てきた。意識的にせよ無意識的にせよ、韓国人は、文化的アイデンティティにより強い関心を持つようになってきており、韓国芸術や韓国語への興味が再び高まっている。経済的に相互依存するようになればなるほど、固有の文化的アイデンティティへの関心が高まる。これもグローバル化のなかの自然な現象だ。

一九九七年に始まった韓国の経済危機に対する市民の反応は、このことを如実に表していた。一九九七年十一月末、韓国が、ＩＭＦや主要先進国から相当な支援を受けなければならなかったとき、それは韓国の強いナショナリズムに油を注いだ。韓国の経済的奇跡、世界で十一番目に大きな経済大国になった躍進ぶりは、グローバル経済のおかげであり、グローバル化なくしてはありえなかったことだが、それにも関わらず、韓国市民はＩＭＦのリストラ計画に対して、単なる金融支援ではなく、新帝国主義であるかのような反応を示したのだ。

世界中で、ローカルな文化はグローバル化する環境のなかで、見直されてきている。実際、グローバリゼーションが進めば進むほど、文化復興や文化的自治への動きが世界のあちこちで盛んになっている。このことも、われわれがこれから受け入れざるを得ないパラドックスの一つである。外面的な均一化が進めば進むほど、文化的アイデンティティの潜在的探求と主張は強まる。地球規模で均一化が進んでいく中で、われわれは皆、固有のアイデンティティを保とうとし、宗教、文化、国家、言語、あるいは民族を守ろうとする。

現在は、このように「地球主義」と「部族主義」が、共存共栄しているわけだ。それが平和な形をとる時もあれば、荒れ狂ったり、暴力的であるときもある。同時にグローバルとローカルに生きられる世界における賢い生き方の処方箋のようなものは、未だに見つかっていない。同時に複数のアイデンティティが持てるということは、新しいオプションである。私個人としては、生活のグローバルな部分とローカルな部分の両方を楽しんでいて、それによる葛藤もなく、この新しい可能性を大いに歓迎している。しかし、多くの人々にとって、これは世界観を根本から脅かすものであるか、あるいは少なくとも、アイデンティティを揺らがせるものであろう。

アイデンティティの問い――「われわれは一体誰なのか」

文化や伝統や価値観の主な役割の一つは、アイデンティティを規定しやすくするということである。このような精神的な枠組みがないと、根無し草のようで、外界で起こっていることを評価できず、適切なアクションがとりにくくなる。自分のアイデンティティについて不確かに感じている人は、防御的になりやすく、違う文化的背景を持つ人と、どう接すればよいのか不安に思う。グローバルな世界が繰り広げるパラドックスと曖昧さを見れば、アイデンティティの探求が今日盛んに行われているのは、十分に理解できることである。

「ナショナリズム」から「文化的アイデンティティ」へ

主権国家がその重要性を失いつつあるにも関わらず、バスク人、ケベック人、スコットランド人など、世界中で従来の「主権」を求める人々が、一体なぜ増えているのだろうか。なぜ人々は国境がなくなり、グローバルな統合がすすんでいるときに、「国家」を求めるのだろうか。国家は上からも、下からも突き上げを受けている。上からは、国際機関であり、下からは、偉大な国境破壊者であるインターネットを活かした無数のネットワークと草の根運動である。国家経済がすでに過去のものになっているというのに、どうして国家としての独立を得るために、血を流してまで戦うのだろうか。

人々が本当に欲しているのは「国家」ではない。彼らは、自分の文化的アイデンティティを強固にすることと承認されることを、欲しているのである。これは、今日の世界において注目すべき欲求の一つである。文化的に承認されたいという大きな欲求と、それに関連してコミュニティへの思慕の念が強く現れている。今日の国家は、文化的アイデンティティの承認を得る正当な道具を人に与える唯一の枠組みである。このように、今日の世界で見られるのは、「ナショナリズム」の増大というよりは、「文化的アイデンティティ」を主張し、強固にしたいという衝動なのである。

かつて国家は、しばしば全く異なっている民族の文化を一つに統合し、「ナショナリズム」と呼ばれるイデオロギーを打ち立て、国語、国歌、象徴、偶像などによってその国家文化を完成しようと試みていた。民族的あるいは文化的に均一な国は少ない。日本はその数少ない例外として有名である。かつての国家において、固有の文化的アイデンティティを、全体の利益のためにいくらか犠牲にしなければならないことが、しばしばあった。この仕組みは、冷戦終結までその形をとどめていたが、今では、人はもはや、文化的アイデンティティを犠牲にしようとはしない。アイデンティティの探究は、世界中どこでも懸命に行われている。逆説的ではあるが、グローバルな世界に住んでいるにも関わらず、主権国家としての独立を主張するのは、文化的アイデンティティへの欲求を正当化するための最強の方法なのである。

日本人のアイデンティティはグローバル化に押しつぶされるのか

日本人が世界に対して開かれた国になることに憂慮を示すのは、周知のことである。何年も海外に滞在していた人が、帰国すると、日本社会に再び溶け込むのが難しいことを悟るという例はよくある。長期間の海外滞在と、外国の価値観に慣れ親しんだことによって、帰国者は不思議なほどに特別扱いされる。帰国者は、本当の「日本人らしさ」を失い、日本人としてのアイデンティティが薄まったり歪んだりしてしまっているかのように思われているらしい。

およそ十年前、日本での流行語の一つは、「国際化」だった。それを本当に実行している人はほとんどいなかったが、だれもがその言葉を頻繁に使っていた。しかし、「国際化」をめぐる騒ぎが何よりも明らかにしたのは、国を開放し、それに続いておこる外国人や外国文化との接触が増えることに対する関心ないし不安が、どれほど強かったかであろう。年配の人々は、西洋化が日本の伝統的価値観を破壊し、日本のアイデンティティを危うくしていると、不満をもらしている。若い人々は、成功するには「国際的」にならなければいけないことを感じていたが、具体的にどうすればいいのかがよくわからなかった。毎週、英会話学校に通わなければならないということぐらいしか思いつかない人も、多かったようだ。

しかし、国際化とはすでに過去のものとなってしまった。今では、もっと過激なもの、つまりグローバル化と、それによって引き起こされるアイデンティティと文化への影響についての議論がなされている。日本の文化とアイデンティティは、突然、グローバリゼーションの波が待ち構えている状況にほうり込まれ、しかも、多くの人々、特に、政治や金融方面の人々は、いまだに国際化の攻撃に動揺しており、どう行動していいか戸惑っている。

しかしながら、グローバルな世界になったからといって、日本人であることを捨てる必要もなければ、アメリカ人のようになれと強いるのではないかと恐れる必要もない。しかし、外国人や外国のやり方に触れる若い人は増えていき、当然のことながら外国文化に影響されていくだろう。しかし、なぜこのことが問題になるのか、私にはよくわからない。問題になるとしたら、この外的な影響を脅威として感じるか、あるいは無意識的にせよ、自分の文化が他の文化よりも優れていると信じこんでいるからとしか思えない。一方、もし「外」から、技術面だけでなく、文化や価値観の面でも、学ぶものも多いということを受け入れるなら、外国との接触は脅威でもなんでもなくなる。グローバリゼーションは、ローカルなアイデンティティを攻撃するものではない。むしろ、ローカルなアイデンティティを豊かにしてくれるし、さまざまな新しい可能性が広がる世界は、個人のアイデンティティの決め方に、多くの選択肢を与えてくれるのだ。

今は、マルチ・アイデンティティの世界だ

グローバルな世界で成功したければ、複数のアイデンティティをもつことができるという認識は、必要不可欠なものである。日本人か、それとも日本人でないかという単純な世界ではない。外国のやり方を学ぶからといって、自分のもともとの文化的アイデンティティを、捨てなければならないと心配する必要もない。われわれは、もはやAかBかという二元的な世界に生きているのではない。アイデンティティという点でも、いまは多種選択の世の中になったといえる。

何らかのネットワークに積極的に参加しているなら、その目的がビジネスだろうが、ボランティア活動だろうが、あなたのアイデンティティはしばしば、そのネットワークの目的によって限定されるだろう。例えば、女性の行動グループなら、あなたは、まず（もちろん、実際にあなたが女性であると仮定して）自分を「女性」として見るだろう。もし弁護士ネットワークの一員であるならば、何よりも先に「弁護士」であるというアイデンティティが前面に出るだろう。あるいは、そのネットワークが海外駐在の日本人のネットワ

ークなら、ネット上の人を結んでいるのは、全員が「日本人」であるという事実にほかならないだろう。今日、五つや六つのアイデンティティを持つのは特別不思議なことではない。アイデンティティは何層にもなっていて、状況に応じて、それぞれのアイデンティティがより強く出るというのが、現代の常識になろうとしている。

人はしばしば職業によって、そのアイデンティティを形成する。実際に、職業と一体になり、いっしょに働いている人々が自分の「部族」になる。たとえば、私が知っている整形外科医は、まず、「整形外科医」としてのアイデンティティを持っており、「アメリカ人」とか「男性」はその次にくる。今日では、数え切れないほどの職業上の「部族」があり、国境を越えて存在している。職業上の部族やアイデンティティが、国籍より重んじられていることも決して少なくない。しかし、それらの部族は互いに排他的だったり、敵意を持ったりする必要がない。いくつもの違ったアイデンティティを持つ世界では、さほどの葛藤を経験することなく、異なった「部族」の一員となりうる。これは、今日の世界の多くの民族にとっての重要な認識である。排他的な世界はすでに過去のものなのだ。

今は、誰もが複数のアイデンティティを持つことができ、異なる民族集団は、かつてないほど共存するチャンスを与えられている世界である。われわれは、民族文化と地球意識が矛盾せずに、自然な状態として共存する時代に生きているのだ。

サイバーワールドと価値観の未来

通信技術の発達、特にコンピューターの発達は、空間を超えてコミュニケーションしたり、コミュニティを作ったりすることを可能にしてきた。インターネットは、いわゆるサイバースペースを生み出し、そこではネットサーフィンをしたり、「バーチャルコミュニティ」とでも呼べるものを作るための仲間を探したりすることができる。また、インターネット上でパートナーを見つけて会社を作ることが可能になり、これも、「バーチャルカンパニー」や「仮想企業」と呼んだりする。この新しいサイバーワールドを歓迎する人がいる反面、伝統が破られるとか、価値観がゆがんでしまうと心配する人もいる。

「子供たちがコンピューターの前で何時間も過ごすことになったらどうなるのか？」

「インターネット上のバーチャルワールドでかけ離れた場所の若者とばかりコミュニケーションをするようになったら、まともな生活を営む能力を失ってしまうのではないか？」

「世界中の文化の道徳的価値は、グローバリゼーションによって危機に瀕しているのではないか？」

「若い人たちは善悪の判断がつけられなくなってしまうのではないか？」

などの心配事項があげられる。

わずか十五歳の少年が小学生の首を切って、校門にその首を置いたという、一九九七年に神戸で起こった殺人事件は、世界中にショックを与えた。ホラー映画のごとき凶悪犯罪には慣れているはずのアメリカ人でさえ、十五歳の殺人者によって残酷に行われた冷血な行為を聞いて、戦慄を覚えた。日本では、現代社会における道徳価値に関する盛んな議論が、この殺人事件を契機にして始まった。コンピューターやグローバリゼーションは、この議論に直接には関係していなかったが、道徳の退廃の原因は、「現代の悪魔」に由来するのではないかと暗にほのめかされることがよくあった。人々は伝統や善悪の判断基準が歪められるのを恐れていた。そうでなければ、ただの殺人事件としてしか考えられなかったかもしれないこの事件の結果として、「道徳教育」とか文字どおり「心の教育」といった教科が、小学校のカリキュラムに加えられた事実の説明がつかない。世界のいたるところで、それが中東だろうが日本だろうが、現代のグローバルなハイテク世界における価値観や伝統が、将来どうなるのかということについての議論がなされている。

影響力の強い新技術が世界に衝撃を与えるとき、伝統や社会全体がダメージを被るのではないという議論が沸き起こるのは、当然のことだ。自動車が始めて出現したときにも、テレビが普及してきたときにもそうだった。そして最近では、コンピューターやインターネットの普及によって、このような疑問が沸いてきた。教育者たちは、教育におけるコンピューターの役割について心配しているが、色々と議論している間に、教える相手である子供たちのほうが、教師よりもコンピューター通になってしまうというのが事実だ。

世界が急速に変化している時、現実を表す適切な言葉自体を見つけるのは、往々にして難しい。「ポストモダン」という表現がそのよい例である。われわれは、今のこの時代をどうやって表すべきか戸惑っていたため、「ポストモダン」と誰かが呼ぶようにしたのだが、これは、まったく意味をなさない言葉といっていいだろう。同様のことが、コンピューター技術の急速な進歩によって、いま起きている。「バーチャルリアリティ」とか「バーチャルオフィス」と言うのは、今われわれが経験している新しい現実を表すのに、適切な言葉が見つからないから使われるのである。しかし、コンピューターの世界やインターネットコミュニケーションの世界は、非現実ではないし、現実のふりをしているのでも、想像上のものでもない。これは、新しい現実そのものなのだ。本当の今のリアリティである。われわれは、いかにこの現実に対応していくかが、最大の課題である。

グローバルな行動規範が作られる

新しい技術の発達がもたらした透明な世界は、プラスの側面が圧倒的に多いと私は思う。今日、われわれが目にしているものは、価値観の崩壊というよりもむしろ、さまざまな分野での新しい伝統や、新しい習慣の創造なのである。ビジネスでも、政治でも、また人権問題をとっても、適切な行動の模範となるようなグローバルな標準が、近年現われ始めている。

ビジネスでは、いくつかの新たな行動規範が導入され、おおむねそれは守られている。たとえば、賄賂や著作権侵害など、グローバルビジネスのもっとも複雑な領域においてでさえ、この傾向が見られている。経済協力開発機構（OECD）のすべての加盟国は、最近、外国でビジネスをする時に、賄賂を贈ることを禁止した法律を通すことに同意した。従来、カナダや日本を含むいくつかの国では、賄賂は、必要経費として控除されていたため、いままでそのような行動はあまり抑制されていなかった。

著作権侵害の場合は、市場メカニズムが標準を決めているようである。私の最初の本である『メガトレンド』は、一九八三年に台湾で出版されたが、五つか六つの違ったバージョンが出版されていた。一つを除いて、すべて海賊版だった。中国でいったいどれくらいの版があるのかは、神のみぞ知る、である。中国の大学で講義をした時、学生たちが私の著書を持ってきて、よくサインを頼まれたが、その時、なんと八つの異なる版があったりした。正式に契約した出版社は、たった一社しかないのに、私は、八種類の異なった表紙を目にしたのである。しかし、例えば今日の台湾では海賊版は見られなくなった。なぜなら、台湾人は、自分達が経済の繁栄を享受するようになり、自分たちの知的所有権を守ろうとするようになったからに違いない。このようにして、グローバルマーケットにおける知的所有権や、イノベーションを守ろうとする関心が、高まるといえる。つまり、高い透明性とグローバルな市場メカニズムがあいまって、地球規模でビジネス行為の標準を作ろうという動きが、多くの分野で見られているのだ。これは、法律によって制定、規定されるというよりは、グローバリゼーションとハイテク通信技術の利用によってしか育まれない、共通の価値観が生まれてきていることの現れだと考えられる。

コンピューターの普及や、インターネット上のサイバーワールドの存在は、それ自体が価値システムを損なったり、道徳の退廃をもたらす要因ではない。大切なのは、対応のしかたである。未来の世界において、グローバルな価値観や伝統と、ローカルな価値観と伝統の両方を持つようになるのは、ごく自然なことである。何をグローバルなレベルで考え、何をローカルなものとして守りたいかという区分をするには、もうしばらくかかるが、私はその過程を、衰退ではなく、進歩だと考える。いまこそ、ローカルなコミュニティにおいてだけでなく、地球規模でも、健全な価値観と行動基準を分かち合う機会を、与えられているということだ。

意味とよりどころを求める人々

大変革期には、多くの人々が「意味」や、安定した「よりどころ」を求めるものである。今日の世界は流動的であり、文化というものもかつてほど安定した構造ではなくなった。アイデンティティは幾層にもなり、グローバルな世界で、価値や伝統を維持するのは、極めて難しいようである。テクノロジーによって著しく変貌した世界で、人々は物質的なものと精神的な欲求とのバランスを、どう保つかということを必死に模索している。文化的アイデンティティを認めてもらいたいという欲求や、コミュニティを求める心も、この「意味」と「よりどころ」への模索の現れである。過去数十年にわたって、宗教の復興や過激主義が起こったのも、同じところに由来するだろう。

なぜ、スピリチュアルなものが復活しているのか

テクノロジーに囲まれて生活すればするほど、精神的なものを求めるようになる。技術は、われわれの世界を大きく広げることを可能にしたが、技術自体は、人類が常に悩んできた不滅の問いに答えるわけではない。経済、政治、文化の従来の枠組みが崩れ、いままでの常識が当てはまらなくなっただけに、意味の探求が、とりわけ広範に見られることは不思議ではない。目の前で繰り広げられる世界をどう理解し、一つひとつの表面的な現象にどう意味を与えるか、そして自分は何に頼ればよいのか。この模索がちょうどいま、いたるところでなされている。

よりどころや意味を見つける方法には、二つある。一つは、自分の内面的な世界を探る方法である。そうして、自分自身の静かなるスピリチュアリティをつくり、それがよりどころとなる。この精神世界の探求は、アメリカをはじめ、世界中のニューエイジ関係の本の爆発的なブームに反映されている。そして、社会全般をみても、確かに医療やビジネスや政治のいずれの分野をとっても、長期にわたる深い内省が必要な時期に入りつつあるよ

うだ。

しかしながら、もう一つの方法として、原理主義に走る人もいる。つまり、静かな内面的な世界とは異なり、目に見え、非常に派手な形での意味とよりどころを見出すのだ。原理主義では、宗教指導者が、行動の一つひとつを細かく指示し、善悪や正しい考え方の明確な基準を与えてくれる。そして、中東であれ、日本であれ、アメリカの中西部であれ、原理主義者の数は確実に増え続けている。

スピリチュアリズムのこの二つの方法は、同じ線上にある、両極端の例である。内省的な精神の探求と外向的な原理主義。そして、ここでも中間はなくなっている。かつて人々が信奉していた穏健な教会や宗教的コミュニティは、人気を失っている。アメリカで発展したルーテル派や監督教会派のような宗教は、信者数が減少しているために、合併する傾向にある。二十世紀後半に主流派だった教会は、世俗的で社交的なものになってきている。教会は、科学的な世界観を持った現代人を引きつけるには、あまり精神的なものや宗教的なものを前に出さない方がいいと考えたようだが、これは大きな誤算だった。日常生活がよりハイテクになり、科学の世界が生活のすべての面に浸透すればするほど、深い意味を求める気持ちも強まる。その欲求は、技術や科学によって満たされることはない。

われわれが見てきた精神的なものの復活は、ハイテク社会が出現したにも関わらず起きたものではなく、逆にハイテク社会になったからこそ起きたのである。伝統的な教会や宗教が世俗化に向かったまさにそのとき、皮肉なことに、精神的なものへの欲求は、増大する方向に向かっていったのだ。

こうして、主流派であった宗教が、一般大衆の多様化したスピリチュアルな欲求を満たすのに失敗したために、精神的な空虚さが生まれた。これは、まず先進工業国で見られた社会現象である。多くの国で人々は意味に飢えており、その空虚さを埋めるものなら手当たり次第に試しかねない勢いである。このごろでは、精神的な充足を約束するような人ならほとんど誰でも、多くの信奉者を引きつけることができる。宗教の伝道者、ニューエイジ運動のリーダー、牧師、あちこちにいるインチキ導師など、なかには誠実な人もいるが、ほとんどの場合は、宗教活動で大いに金もうけをしているに過ぎない。これらの宗教家の多くは、基本的に、頭のよい起業家で、魅力溢れるスピリチュアリズムのマーケットに目をつけているのだ。そして、日本はこの典型的な例である。オウム真理教が、宗教テロリズムという新しい形で日本を脅かしていた時、私はちょうど日本にいた。その時会った日本人は、オウムの事件に対して、ぞっとすると同時に、不思議がっていた。素晴らしく優秀な若者が大勢、オウム真理教に入信し、地下鉄にサリンガスを撒くような狂信的行動にまで及んだのは、なぜなのか。日本人は、こう自問していた。

「なぜ、こんなことが起こったのだろうか。どうして、日本の若者は、こんなひどいことをしでかすのだろうか」

答えは、単純だ。日本は、精神的な空白の真っ只中にいるところなのだ。人々は、自分についても、自分の未来についても、不安を抱き、新黄金時代や永遠の救済を約束してくれるものに、すがりつくのだ。

アメリカでは、新しいタイプの精神主義が花盛りである。本屋では、セルフヘルプや自己救済の本やら、ニューエイジの本、宗教の本、そして天使についての本までもが、本棚のスペースをどんどん占領していっている。天使の人気テレビ番組もあり、ほとんどすべてのアメリカ人は、霊的メディアによる「リーディング」を体験したことがあるか、少なくとも星占いをしてもらったり、瞑想を何種類か試してみたことがあるようである。

アメリカはまた、カルトという熱狂的な宗教グループの多い国でもある。今日では、二万五千以上のカルトがあり、その数は減るどころか、ますます増えている。もちろん、カルトのなかには長い年月のうちに成長して、主流の宗教の仲間入りをすることもある。モルモン教は、一八三一年に小さなカルトとしてスタートしたが、今では一千万人以上の教徒を持つグローバルな宗教団体である。カルトのいくつかは、新しい霊性の形を伝道するグローバルなカルトとなっている。サイエントロジーがそうであり、日本の創価学会も、ある意味ではそうかもしれないが、これらのグローバルカルトの教えは必ずしも、歴史上の特別な時点や、特定の場所に結びついていない。すべてがグローバル化し、多様化している中で、宗教もその例外ではない。

世界中の従来の宗教は、新しい信者を増やそうとするなら、二十一世紀には大きなチャレンジに直面するだろう。選択肢の多い世界で、人々は精神的なサービスの形態も、より自分のニーズに合ったものを欲しがるようになっている。また、変化の速い世界では、よりどころを求める心が弱まるということはなさそうである。二〇〇〇年を越えるにつれて、地球規模でスピリチュアルなものの復活が加速し、より盛んになるに違いない。終末論の伝道者が、この偉大な「ビジネスチャンス」を食い物にしようとしているのは疑いない。皮肉にも、終末論を叫ぶ彼ら自身が、破滅や破壊を生み出す張本人になることも、十分に考えられる。

将来的に、精神の分野においても、選択の自由が広がることは間違いなさそうだ。スピリチュアル商品やサービスの「スーパーマーケット」で、好みによって自由に選ぶ可能性まで出てきた。しかし、自由は同時に、一人ひとりに責任を持たせるものでもある。自分で考え、責任ある選択をとることが求められる。もはや、不都合なことに直面したとき、宗教や文化の慣習を一種の言い訳にするということはできない。誰も皆、自分に一番ぴったり合った精神的なよりどころの形を選びとり、そして選択に責任を負わなければならない。

世界で起こっている変化を理解すること、つまり一見共通点のないようなできごとを結びつけ、それらに意味を与えるということは、ビジネス上の成功のためだけでなく、スピリチュアルなものを見分け、偽りの救済約束にだまされないためにも、極めて重要である。そして、世界の変化の波にのまれることなく、変化の波にうまく乗っていれば、他の文化や宗教に脅威を感じることもなくなるだろう。

「文明の衝突」という神話

アメリカの政治学者サミュエル・ハンチントンは数年前に、アメリカの雑誌「フォーリン・アフェアーズ」に、「文明の衝突」という記事を書き、有名になった。人によっては、彼が「有名」になったというより、悪名高い存在として世界に知られたと思う人もいるだろう。その記事の中で、ハンチントンは、将来的に、紛争は国家間で起こるのでなく、文明間における摩擦や戦争という特徴を持つようになる、と主張していた。

また、異なる世界観の間で、そして異なる宗教の現実観の間で、衝突が起こるようになるだろう、とも書いている。イスラム文化と、現代西洋世界との間に起こる衝突は、もっとも深刻な衝突になるだろう、と彼は考えたようだ。

世界を見渡すと、ハンチントンの仮説はすでに現実のものになっているのではないか、と思われるかもしれない。アラブ諸国において、宗教的原理主義が躍進しているし、エジプトのルクソールやカイロでは、宗教的な過激派が爆破事件を起こしたり、旅行者を殺したりしている。イスラム全体が、西洋、言い換えればアメリカの文化帝国主義と見なされるものに対して、暴力的に反応していると言えるのではないだろうか。

しかし、このような世界観を受け入れてしまう前に、表面的な部分を超え、世界で起きている事柄の本質をきちんと見なければならない。宗教的な過激派は、よく目にするようになったし、より暴力的になっているのも確かである。よりどころを探求するために、原理主義が使われたり、時には宗教過激主義や暴力の形をとっている集団もある。しかし、暴力に頼る過激派宗教集団は、イスラム国の中でも、ほんのわずかな部分でしかない。西側の人々は、あまりにも単純な考え方で、「アラブイコール過激派」というような方程式を頭に描いているようだが、これは誇張であるとしか言いようがない。また、西側の人々は、中東の人はすべてテロリストだと見なす傾向があり、そのことに強い怒りを感じている中東人は多い。中東には、世界で増えつつある富の恩恵に浴していない国々も多く、そこでは、宗教は、物質的に恵まれない民衆が精神的に満たされる避難所のような役目を果たしている。他の文明と戦おうと思っている人はほんの一部でしかない。イランは、中東でもっとも過激な国の一つだと思われているが、その大統領でさえ、アメリカ人を「偉大な人々」と呼び、一九九七年の十二月に、アメリカとの全面的な和解へと向かったのである。

どう考えても、今、世界の文明が全面的な衝突に向かっているとは思えない。ハンチントンの分析は、完全に的がはずれている。実際に何が起きているかというと、頭の切れるテロリストは、他の人々と同じように、目指す目的を達成するために最新の技術インフラを利用しているということだ。そして、さまざまな形でのグローバルコミュニケーションの、いわば「騒音のレベル」が上がれば、自分たちのメッセージに目を向けてもらうために、以前よりももっと大声で叫ばなければならなくなる。それは、広告宣伝にも類似したところがあり、潜在顧客の注意をひくためには、かなり過激な宣伝手段をとろうとする。同じことがテロリズムの場合にも言える。メッセージをわかってほしければ、もっと過激なことをして、注意をひかなければならない。

もちろん、将来的にテロリストが核兵器を手にいれたり製造したりして、世界のどこかで大破壊を繰り広げる可能性もある。宗教的過激派にも同じことが言える。しかし、これは文明の衝突と何の関係もないし、実際に起こるかどうかもわからないテロリズムを恐れて、身動きもとれない心境に陥ってはならない。必要な予防手段はとることができる。たとえば、空港での荷物検査などがその例である。また、大規模な文明対文明の全面紛争に向かうことになるというばかげた考えを捨てることによって、もっと平和な世界を創ることができる。今日の世界の状況を見れば、文化交流や経済交流が盛んに行われ、統合がじわじわと進んでいる。ハンチントンがいうような衝突が起こる可能性は、日に日に小さくなっている。

実際、文化の内部における衝突は、文化間相互の衝突よりも大きくなっている。本書を通じて何度も強調してきたように、世界はもはや二者択一的なものではない。イスラム教徒であるからといって、同時にグローバルになれないということにはならない。文化的ナショナリズム、言い換えれば固有の文化的アイデンティティを求める心は、地球意識と容易に共存できる。決してこの二つが矛盾しているわけではないのだ。

芸術と文化の新たなルネッサンス

芸術の世界は、新たなルネッサンス、つまり復興期にさしかかっている。意味の模索や精神性の探求は、宗教だけでなく、芸術、文学、哲学を通しても表現される。かつてのルネッサンスは、イタリアのフィレンツェとその周辺という狭い地域に限定されていたが、二十一世紀の芸術ルネッサンスは、グローバルな広がりを持つようになる。これは、アイデアやイメージの大きな流れが、世界をかけめぐる地球規模のスピリチュアルな探求のようなものとなるだろう。

芸術復興には、三つのことがからみあってその原動力となっている。第一の要素は、前に述べた文化的アイデンティティの模索である。人々が、固有の文化的アイデンティティを形づけようとし、あるいはそれを固めようとするとき、芸術や文学は文化の象徴的な言語として、大いに活用される道具となる。そのうえ、芸術家は、文化、経済、政治の舞台で繰り広げられるさまざまな事象から、インスピレーションを得て、それを作品に盛り込む。

第二の要素は、やはり技術の進歩である。ハイテクノロジーは、芸術ブームを引き起こすのに一役買ってきた。というのは、ハイテクとのバランスをとるために、人々は、私がハイタッチと呼ぶものを切望するようになってきたのだ。テクノロジーに取り囲まれていると感じれば感じるほど、人間的な要素、有機的で柔らかくて芸術的な表現形式を、人々は求めるようになる。

第三の要素は、世界の変化のスピードである。大変動の時期には、芸術の表現対象となるものは、ふんだんに出てくるものだ。人生の深い意味や世界の成り立ちといった、深遠な問いに取り組んでいるとき、文学や芸術が花開くのは不思議ではない。今日の世界では、目のあたりにしている変化を正確に把握したり、言い表したりする表現がなかなか見つからない。こういうときには、直感的で包括的なアプローチを持つ芸術の世界が、しばしば最高の表現形式となるのだ。

芸術の新たなルネッサンスが始まっていることは、今や世界中で明らかな事実である。その変化は文化にだけでなく、経済にも膨大な影響を与えるに違いない。芸術に国境はなく、全世界の人の心を動かすことができる。これは過去においても同様だったが、将来において、芸術は、インターネット上で、あるいは世界中を飛び歩く芸術家や作家の頭とカバンに詰められて、益々地球をかけめぐるようになる。そして、いまだかつてない規模の文化交流が起こり、われわれすべてを豊かにしてくれる。文化の融合もあれば、分裂もあり、すばらしく混沌とした、予測できないありとあらゆる方法で、芸術の世界が交流し、混ざりあっていく。実際、将来的にわれわれを待ち受けていることは、文明の衝突(Clash of Civilizations)ではなく、むしろ文明の拡散（Splash of Civilizations)であり、そしてこれによって文化的な進化のより高い次元へと、押し上げられるのは間違いない。

新時代のキーワードは「多様性の尊重」

文化、伝統、アイデンティティ、価値観のいずれをとっても、今後もなお早いペースで大きな変化が起こることは間違いなさそうだ。この開かれたグローバルな世界では、変わらずにそのままの状態で残るものは少ない。この人生のもっとも根本的で、もっとも本質的なところに直結したこの分野で、われわれが直面するメガチャレンジの第一のキーワードは、「多様性」であろう。われわれは、人類の進化の歴史において、かつてないほどの選択の自由、行動の自由、オプション、多様性を目にすることになろう。そして、多様性を上手に扱えば扱うほど、成功のチャンスも増えるのだ。

多様性を認めて、それを受け入れるだけではなく、むしろ多様性を尊重する必要があるように思う。これは、歴史的に均一性の高かった日本のような社会では、難しいことかもしれないが、しかし、将来の心構えとしてこれが重要になることは疑いようもない。

多様性を尊重するということは、唯一の公式な「真実」の解釈に固執せずに、現実に対する違った見方や意見を、積極的に受け入れていくことを意味する。また、地球には多くの文化や伝統があり、それらから多くを学び、またさまざまな意味で影響を受けることは、人を豊かにするのであって、アイデンティティを脅かすものではないという認識も必要であろう。多様性を尊重することはまた、色々な環境のなかで、さまざまなバックグラウンドを持つ人々とビジネスをし、成功するためにも欠かせない特質となる。

第四章　新しい1000年を迎えるにあたって——
新時代を楽しむコツ

新しい一〇〇〇年（ミレニアム）の幕開けを迎える今、私が世界をどのように見ているのか、まとめておくことにしよう。さかのぼって、過去二十年ほどの変化を見ると、いまほど、生きていることの素晴らしさを感じられる時代はなかったように思う。共産主義が終わり、国家が衰え、単一市場経済が作られ、世界中に民主主義が広がり、アジアが発展し、通信革命が起こったことにより、家族、起業家、会社など、いかなる組織にとってもチャンスや可能性は、かってないほどに拡大した。そして、グローバルなパラドックスが示すように、われわれ一人ひとりの個人としてみた場合も、人類史上かつてないほどの大きなチャンスを持つようになっている。

もちろん、われわれが直面しているチャレンジは、単純なものではない。本書では、経済、政治、文化という、三つの領域を取り扱ってきたが、それぞれの分野を整理し直し、改善を図るためには、時間がかかる。生まれつつある新しいグローバルな舞台で、素晴らしいパフォーマンスを披露するには、当然のことながら「練習」を重ねていかねばならない。

しかし、あなたはその舞台で、ただの一役者ではない。これは、肝に銘じておくべき重要なポイントだ。あなた自身が、その舞台の創造者でもあるのだ。演劇にたとえるなら、われわれは、脚本家、振付師、役者、演出家のすべてを同時にやっているようなものだ。用意されたシナリオによって演じたり、上から与えられた方針に従うことによって成功できた時代はとっくに過ぎ去った。今日では、一人ひとりが自分のシナリオを書かねばならず、開けつつある新しい世界に積極的に参加しなければならないのだ。これが、新ミレニアムのどきどきするような変化を楽しむのに、必要不可欠な基本姿勢であり、心構えである。

実際、急激に変化するグローバルな環境では、継続的に新しいスキルを学んだり、すでに学んだ古いスキルを捨てたりする必要がある。しかし、スキルは多くの人々が習得できるテクニックに過ぎない。もっと重要でもっと変化に抗うものは、心や頭の中に持っている世界観である。今こそ、世界観を見直し、場合によっては、われわれをとりまく新しい現実と変化に合わせて、意識の大改革をするべき時でもあるのだ。

今こそ、世界観の点検を！

アメリカの科学史家、トーマス・クーンは、その有名な著書『科学革命の構造』(The Structure of Scientific Revolutions) において、従来のパラダイムの用語や概念で、誕生しようとする新しいパラダイムを語ることはできない、と明言している。一つのパラダイムから次のパラダイムに移行するとき、かなり長く続く過渡期があり、その間、古い理論やモデルや方法は、うまく機能しないものである。

今日の状況は、一つだけでなく、同時にいくつものパラダイム転換が進行している。人類の文明が根本的な変化を遂げつつある、その真っ只中にわれわれはいるのだ。経済、政治、文化のどれをとっても、目の前に繰り広げられている現実を表すことのできる概念的なツールは不足している。適切な言葉を見つけられないため、前述のように「ポストモダン」とか「バーチャルリアリティ」などといった、あまり意味をなさないような用語を、とりあえず使っている。

今日の世界で次々と起こっている、いわゆる「危機」の多くは、本当は、観念的なものである。世界「それ自体」に、危機となる問題があるというより、むしろ、われわれが世界を認識するのに利用するメンタル・フレームワークが時代遅れになってきているため、さまざまなものが「危機」に見えてしまうのではなかろうか。

まず、経済危機について考えてみよう。経済危機は、グローバルでボーダーレスな経済の実体を把握できないために起こっているに過ぎない。経済学者も、政治家も、市民も、未だに、世界が国家経済の集合体であるという意識から抜け出せないでいるがために、「危機」と感じるのだ。

環境危機について言えば、テクノロジーが汚染やオゾンホールの原因であるという固定観念的な落とし穴に陥っている人が多い。しかし、テクノロジーそれ自体が、危機を作り出すことはない。われわれはテクノロジーをさまざまな方法で使う能力を持っている。それに、どんな環境問題も高度なテクノロジーを使わずに解決することは、実際問題としてほぼ不可能ではなかろうか。

また、代表制民主主義の危機は、先進諸国における投票率の低下などの症状に現れているとされるが、前述のとおり投票率の低下の原因は、システムに本質的欠陥があるからというわけではないのかもしれない。人々は民主制システムを飛び越えたり、無視したりしているだけかもしれないし、投票したくないという選択をしているのかもしれない。もしかしたら、不満足だからではなく、おおむね、社会と生活に満足しているから、投票所に足を運ばないだけなのかもしれない。

現在の世界を理解するための新しい概念的なツールを打ち立て、磨きをかける必要がある。これは、間違いなく時間を要することだろうが、このような世界観の点検や世界を新しく捉える試みは、それ自体が創造的で、意味のあるプロセスである。そして、このプロセスは、果てしなく続くようで、曖昧で不確実に見えることもあろうが、これから紹介する基本的な心構えをしっかりと持てば、望ましい方向へと進むことができるに違いない。

選択の自由とチャンスにあふれる二十一世紀の世界

今や、世界にはチャンスが広がり、選択肢が増えたということは、本書の一貫したテーマの一つである。しかし、悲観論者は、この同じ世界を別の目で見ているようだ。彼らは、同じ世界を、むしろ、罠がそこいらじゅうにあり、危険があふれていると言うのだ。私はこのような悲観論者に耳を貸さないが、それには、単純な理由がある。悲観論者の言い分は、全く現実に基づいていないということだ。今日の世界の主な傾向の中で、危険に満ち、落とし穴だらけの世界に向かっていることを示すようなものは、何もないのである。地球上のいかなる場所においても、人間のいかなる営みをみても、新しいチャンスが新しい危険よりはるかに多いことは間違いない。

ちょっと考えてみてほしい。ほんの百年前には、ある村の住民は、一人ではその村すら変えられなかったと言える。一握りの非凡な人々は、立身出世を果たし、ビジネスや政治で影響力のあるリーダーになったかもしれないが、そんなチャンスが開かれるためには、よっぽどの運に恵まれなければならなかった。神様が微笑みかけてくれるというほどの運が必要だったのだ。しかし、今日では、たった一人の人間が、世界全体を変えられるほどの力を持つようになった。そして、重要なのは、その「一人の人間」とは、誰か見知らぬ人ではなく「あなた自身」なのである。たった一世紀前には、想像もつかなかったさまざまな方法で、いまや世界を変えたり、影響を与えたりすることができる。

あるいは、国家を考えてみてほしい。私が生まれたころは、国家がすべてだった。国がほとんどすべてをコントロールしていた。経済政策、情報の流れ、そして市民一人ひとりの運命まで、かなりの部分を握っていた。しかし、今日では、グローバルネットワークで結ばれているので、市民は自由に国家を飛び越えたり、その存在を無視したりしている。市民をコントロールできる国家は、消滅したのだ。そして、この変化によって、われわれすべてに、全く新しい世界への扉が開かれることになった。

テクノロジーも、危険よりも可能性とチャンスを増やすのに役立ってきた。百年前、平均的な所得水準の個人が、その当時のテクノロジーを利用してできたことと、今日の平均所得の個人がテクノロジーを使ってできることとを比べてみると、いかに可能性が拡大しているかがわかるだろう。新しいテクノロジーのほとんどは、個人の力を増やし、個人を解放してくれる方向に発展してきた。先端テクノロジーの領域が拡大し続けたことによって、チャンスと選択の自由も広がってきた。

新しい技術が誕生すると、必ずや倫理的な問題も生じるものである。そして、これはコンピューターやバイオテクノロジーのような新しい技術に関しても、もちろん当てはまることだ。しかし、今日の世界は、透明度が高いため、以前よりも倫理的な問題をより適切に判断できるようになった。そして、ハイテクとバランスをとるために、人間的な側面であるハイタッチが、自ずと強く求められるようになる。だからこそ、テクノロジー万能主義に陥るとか、文明がテクノクラシーによって危機にさらされるといったことは、それほど心配するには及ばない。

今日では、世界のどんな辺鄙なところにいる人とでも、連絡をとることができるし、山奥の村からグローバルなプロジェクトを立ち上げることもできる。新しいコミュニティを創ることもできる。目の前には、驚くほどの選択肢があり、ボーダーレス化が進んでいる新しい世界で、チャンスは無限に広がっている。あなた自身の人生をはじめ、回りの人々の人生を、より素晴らしいものにしていく大いなる可能性がある。

二十世紀の歴史を振り返ると、平坦な道のりではなかったし、時にはとげとげしい時期もあった。戦争や、病気や、貧困なども起こったが、より大きな全体像、つまり人類文明の歴史に着目するならば、二十世紀という時代は、一貫して生活の質を高め、チャンスを増やす方向へと進んできたことは明らかであろう。

人類の文明とは、さまざまなことを学びとりながら、常に発展していくものである。私の知り合いの教育者は、かつてこのように言っていた。

「自分が本当に学んでいるかどうか、本当に有意義なものを習得しているかどうかは、自分の選択肢が広がっているか否かでわかる」

これは学ぶこと、学習するということの素晴らしい定義である。「学ぶ」ということは、単にスキルを得たり、知識を蓄積したりすることではない。むしろ、選択の自由を広げるということであり、目の前の世界を広げるということなのだ。これは、「学ぶ」ことの見事な定義であり、人類の歴史に現れてきた進歩を的確に表している。われわれは、広がりつつある世界に住んでいるのであり、小さく縮まっていく世界に住んでいるのではない。そして、特に今日では、われわれにとってオプションは、息切れするばかりのスピードで拡大している。これが本当の自由なのだ。

未知の海で航海するための五つのアドバイス

来たる新しいミレニアムはまた、可能性の時代であるとともに、周知のとおり大きな変革の時代でもある。経済とテクノロジーを二つの主要な推進力として、世界は前代未聞の速さで変化を遂げている。われわれは、未知の海を航海することになろう。地図に載っていない海域で舵をとるのだ。そして、繰り返して言うが、あなたはもはや、単なる船員の一人ではない。あなたは、船長なのだ。自分で、コースを決めなければならないのであって、あらかじめ定められた海路に従って進むことはできない。

これは、心沸き立つことでもあり、過酷なことでもある。適切な心構えを持っていれば、このチャレンジを楽しむことができる。われわれ一人ひとりにとって、個人としての最大のメガチャレンジは、自分自身を再発見し、再創造し、見直しをするということかもしれない。この変化と不確実性を恐れることなく、むしろ、それを喜びと感じるだけの価値観や生き方を見つけ出すことは可能であると、私は確信している。

最後にあげる五つのアドバイスが、将来、成功を収めるための指針となれば幸いである。このアドバイスが実際あなたにとって何を意味し、実践の場でどう活かせるかは、信奉する夢やビジョンにもよるし、またあなたのおかれている状況にもよるだろう。

1　ビジョンと楽観主義を持つ

未来を恐れる人もいれば、楽しみにする人もいる。なぜ、新しいミレニアムの到来は、ある人々を不安に陥れ、別の人々をわくわくさせるのだろうか。これは答えにくい問題だが、楽観主義者なのか悲観主義者なのかは、幼いときの育てられ方、人生の最初のころに植え付けられた価値観によるところが大きいかもしれない。

個人的に、私は、今日の世界で起こっている変化は、どう考えても、心踊ることだと信じている。私のことを楽観的だといって批判する人がいるが、楽観主義なしでは、よりよい未来を創ることはできないと思う。楽観主義は、いまの世の中で必要不可欠なのだ。個人にとっても、組織にとってもそうである。悲観主義者や皮肉屋は、いつもサイドラインに立ち、ああでもないこうでもないと評論したり批判したりしているだけで、実際には何もしない。楽観主義者だけが、実際に世界に違いをもたらすことができるのだ。

もしあなたが起業家なら、楽観主義は間違いなく必須条件である。自分がやっていることを信じなければならない。成功を確信しなければならない。これは起業家の本質そのものだ。起業家とは、ビジョンを持ち、興した事業がうまくいくと信じる人である。たとえ、まわりの誰もが無理だといっても信じるのだ。

フェデラルエクスプレスがよい例だ。この会社は、フレッド・スミスというアメリカ人によって、一九七三年に設立されたが、彼は、まさにビジョンを持っていた。それは、小包と書類をドアからドアへ、郵便局が提供している伝統的なサービスより、はるかに速く配達するというものだった。しかし、誰もが言った。

「全くばかげた考えだ。誰が小包を送るのに十九ドルも二十ドルも払うっていうんだ。郵便局に行けば、五十セントか一ドルだっていうのに」

しかし、フレッド・スミスは確信していた。動きが速い時代には、迅速な配達サービスに喜んでお金を払う会社が増えるだろうと。彼は、何十年も前に、スピードアップした世界では、時間が極めて貴重なものになると予測していた。そして、郵便局の四十倍から五十倍という値段を設定する勇気があった。彼はビジョンを持ち、そして自分のアイデアが成功すると楽観的にみていた。そして実際、これはうまくいったのだ。フェデラルエクスプレスは、今や、世界中のほとんどの国で配達業務が展開されており、年に十億個もの小包をお客様に届けている。

楽観主義はものごとをやってのけるため、ものごとの新しい見方を創造するため、そして基本的な価値観を見直すためにも、必要となる。今日、一人ひとりがビジョンを持ち、そのビジョンを実行に移す可能性がある。これは、実にエキサイティングなことであり、私の楽観主義を一層あおるものである。

2　柔軟性をもって変化を楽しむ

新しいミレニアムで成功するには、変化は絶えず続くものだということを、理解しなければならない。変化に対して敏感でなければならない。あるいは、むしろ、変化を楽しんだり変化を奨励したりする必要がある。いままでのやり方が通用しなくなっていく中で、新しいチャンスに敏感でなければならない。自分や従業員が、一生にわたって学び続けられるような環境を作ることだ。そして、何をおいても、柔軟性をもって取り組まなければならない。

どんなに柔軟な頭をもっていても、どんなに変化を愛していても、まわりの世界で何が起こっているかを知らなければ、たいして助けにはならない。新しいアイデアや、直面している問題へのユニークなアプローチに対して、心を開いて受け入れなければならない。まわりの変化に受動的に反応するだけでは不十分である。環境の変化を先取りして対応することが肝要である。そして、グローバル化しているビジネス環境を作り直すことにも、積極的に関与しなければならない。

3 起業家精神を育む

もし、あなたがビジネスをしているなら、とりわけ起業家精神を大事に育てなければならない。古く硬直した官僚的な構造や指令のシステムは、もはやこの変化の激しい世界でうまく機能しない。従業員一人ひとりの潜在能力をフルに発揮させられないような組織は競争力を失っていく。また、潜在能力の発揮には、組織の成員一人ひとりの起業家精神が湧き起こるような環境が必要である。全員に、自分が組織の中心にいるのだ、主役を演じているのだと感じるようなチャンスを与えれば、組織の生産性や福利の結果は、みるみるよくなるに違いない。ピラミッド型の組織構造から離れて、ネットワーク型構造へと移行すべきである。

あなたが、大企業の管理者だったり、あるいはその従業員であるなら、最大のチャレンジは、その大きな組織の中で、精力的な起業家精神が育まれる身近で親身な人間関係や規模が小さく感じる仕事の環境を打ち立てることだろう。そうするためには、根本的に会社のリストラをして、何十、いや、何百という独立したユニットが、ネットワークで結ばれた新たな組織体系を創ることが、必要となるかもしれない。だが、これは、二十一世紀に大企業が生き残り、繁栄する唯一の道なのかもしれない。

もし、これから会社を創ろうという夢を抱いているなら、チャンスはこれまでにないほどに大きい。創造性と起業家精神を持ちあわせていれば、インターネットで新しいビジネスを立ちあげることができる。思い出してほしい。今日では、ビジネスの最大の成長株はインターネット上の単独起業家、ローン・イーグルである。明日にはあなた自身が、その仲間入りをしているかもしれない。

起業家精神は、伝統的な経済学者を当惑させている人間的な要因の一つで、経済を数値的に表すことを不可能にしている。「ビジョン」や「夢」、「先見の明」、「ハードワーク」、「自由への欲求」のようなものを、どうやって統計に組み込むのか。これらは、数値化するのは非常に難しいが、起業家を駆り立てる原動力になっており、今日では、ネットワークで結ばれたグローバル経済全体の推進力ともなっている。

4　バランスを保つ

乱気流とも例えられる新しいミレニアムの最初の数十年は、社会や経済の変化の振り子がどの方向に動くか、定かではない。ものごとの動く方向を正確に言い当てることはまず不可能だと思っていいだろう。重要なことは、予測より混沌とした世界で、バランスを保つように努力することである。

近年のテクノロジーや経済にみられたさまざまな新しい現象や発展を考えると、当然の如く、これから色々なことを整理していかなければならない。グローバルとローカル、個人とグループ、小と大、部族主義と地球主義。その他にも、アジアと西洋、裕福な者と貧しい者、経済発展と環境保護など、いろいろなことを整理しなければならない。そして、これらの間の適切なバランスを見い出すことは極めて大切なことである。これは、今後何十年もの間、個人と社会の双方にとって、頭を悩ませる大きな課題になるのではなかろうか。

社会がバランスを保つことの重要性は、ギリシャの哲学者の時代でも説かれていたのだが、今日では、その当時に比べると、はるかに多くの要因やインプットがからんでいる。私がこれまで何度も取り上げてきた重要なバランスの一つは、ハイテクとハイタッチと呼ぶものの間のバランスである。今日、さまざまな技術が氾濫しているが、それを賢く使う人間的なバランスを創造し、維持しなければならない。本質的に、技術は、人類に取って代わるという意味で、反人間的なものであると言える。技術はかつてわれわれが手を使って行った仕事を代行してくれる。しかも、人間よりも効率的で速いということがよくある。この状況において、人間であるということは、どういうことなのだろうか。われわれの役割は何なのか。こういった根源的な問題が、今日再び考察されている。もっとも、今日では、かつてこういった問題を扱っていた、立派なあごひげをはやした老哲学者はいないので、個々人が自分なりに哲学者とならなければならない。

芸術家、作家、哲学者、宗教家は多かれ少なかれ、人間性についての基本的な問いに何らかの答えを与えている。だからこそ、芸術や文化の復興が起こっているのだ。これだけの技術や機械を抱えていれば、普段の生活で、助けとなることもあれば、その逆の場合もある。偏らないようにするためには、人間的なバランスが必要になるのだ。

今日、医学やバイオテクノロジーが大幅に進歩しており、それに伴って、倫理的なバランスを真剣に考えることが急務となっている。心臓移植は可能になったが、何百万ドルもかかる。その一方で、適切な医療サービスを受けられない貧しい人がたくさんいる。今では、妊娠するには十も二十もの方法があるようだ。私がユタの砂糖ダイコンの農場で育ったころには、一つの方法しかなかったように覚えているのに。遺伝子工学の応用が増えることにつれ、妊娠やその他の人間の生命を変える方法は、更に増えるかもしれない。これは、興味深い動きでもあり、また空恐ろしくもある。

このような社会の変化により、かつて問う必要もなかった問題を、考えなければならなくなってきた。倫理的な性格を帯びる問題を扱うとき、健全な判断をするベースとなるのは、正しいバランスを見出すことだ。そのためには、価値や倫理や人間であることがいったいどういう意味なのか、ということについて、深く掘り下げて考えなければならない。その意味で、われわれは深い内省をするべき時期に突入しているのだと思う。

5 リーダーシップを磨く

あなたの「心のオペレーションシステム」に取り組むべきであろう最後の特質とは、個人のリーダーシップである。誰が国や会社の次期リーダーになるのかを話題にしたり、リーダーに本当の指導力が欠けているなどといって批判したりする人は多い。この批判は正しいのかもしれないが、忘れてはならない重要なポイントがある。二十一世紀、次のミレニアムには、われわれのすべてが、リーダーとしてふるまわなければならないということだ。誰もがリーダーとなり、誰もがグローバルで起業家精神に満ちて、ネットワーク化した経済の中心にいるということだ。

今日、あなたがリーダーになるための自由と道具は揃っている。どんな仕事をするかどこへ引っ越すか、誰とコミュニケーションをとりビジネスを営むか、また投票するかしないか、これはすべてあなたが決めることである。アイデンティティを選んだり、広い地域にまたがった新しいコミュニティを創ることもできる。個人の解放がもたらした究極の結果は、われわれ一人ひとりがそれぞれの人生に責任をとり、リーダーになるということだ。

リーダーシップと自由には、責任がつき物だ。それは、いわばコインの裏側である。組織やコミュニティ、あるいは地球全体に関する問題さえ、もはやほんの少数のリーダーに委ね、その結果をよくやったと誉めたり、だめだとけなしたりすることはできない。個々人が、リーダーとして責任を持っているのであり、全員に、健全で生き生きしたコミュニティを創り、育てる責任がある。そのコミュニティがローカルであろうと、グローバルであろうと、同じである。その意味で、個人は、人類の進化の長い歴史において、かつてないほどに、自分の運命に責任を持つようになったと言える。

まさにこのようなわけで、私は新しいミレニアムの到来をエキサイティングなものとしてみている。「ミレニアム」とは、象徴的なマイルストーンに過ぎないのかもしれないが、この象徴に勇気づけられてもいいではないか。このマイルストーンを超えて、もっとすばらしい人間的な社会へと向かう、わくわくするような旅を続けようではないか！

著者紹介

ジョン・ネズビッツ
John Naisbitt

未来学者。1929年生まれ。ユタ、ハーバード、コーネルの各大学で政治学を学び、人文科学などの各分野で12もの博士号を持つ。

IBM、イーストマンコダック社の役員の他、ケネディ大統領時代に厚生教育福祉長官補佐、ジョンソン大統領特別補佐官など政府要職を歴任。また、タイ王国政府の経済顧問やマレーシア国際問題研究所の研究員としてアジアに長く滞在し、アジア情勢にも精通している。現在、「メガトレンド社」の社長。わずか3人のスタッフで世界47カ国におけるジョイント・ベンチャーやビジネス・プロジェクトに取り組み、毎年数万人にのぼるビジネス界のリーダーを対象に講演活動を展開している。独自の分析手法を駆使し、社会や経済の大きなトレンドを的確に予測する。1982年に発表した『メガトレンド』（邦訳・三笠書房刊）では、日本を含む世界18カ国で800万部を越える大ベストセラーとなった。

その他の著書に『2000（トウェンティハンドレッド）』（邦訳・日本経済新聞社刊、1990年）、『グローバル・パラドックス』（邦訳・三笠書房刊、1994年）、『メガトレンド・アジア』（邦訳・早川書房刊、1996年）などがある。

訳者紹介

ウダ　レイ

北海道大学文学部中国文学専攻課程卒業。アズサ・パシフィック大学（米国）にて、社会学修士、国際宇宙大学（フランス）にて、MSS（Master of Space Studies）取得。「未来は創造するもの」という信念のもと、個人の人生設計から、地球や宇宙といった壮大な未来まで、幅広い未来志向の活動を行っている。CFN（Creative Futures Node）創立メンバー。World Future Society会員。

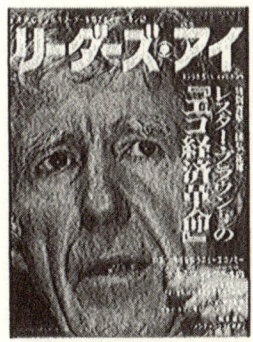

未来を拓くケイ素革命

椋代譲示 著

NHKも紹介し、企業も注目した、今話題の活性ケイ素の有用性を説く。

本書は、独自開発の活性ケイ素を本体とする、土壌活性剤を使った農法を提唱する。世界に類のない活性ケイ素は昭和40年、著者の恩師、東工大の立木健吉博士たちが発明したものである。砂漠化、汚染にまみれる地球を、豊かな大地として甦らせる解決策を、実践例を通して明示する。

四六判　定価（本体1,500円+税）

Megachallenges

Published by Tachibana Shuppan, Inc.

Republished in cooperation with toExcel,
a strategic unit of Kaleidoscope Software, Inc.

For information address:
toExcel
165 West 95th Street, Suite B-N
New York, NY 10025
www.toExcel.com

ISBN: 1-58348-141-9

Library of Congress Catalog Card Number: 99-60380

Printed in the United States of America
0 9 8 7 6 5 4 3 2 1

www.ingramcontent.com/pod-product-compliance
Lightning Source LLC
Chambersburg PA
CBHW030424290526
45786CB00001B/124
9781583481417